执行与创新

当代大学生社会主义核心价值观培育研究

王培 著

燕山大学出版社
·秦皇岛·

图书在版编目（CIP）数据

执行与创新：当代大学生社会主义核心价值观培育研究／王培著.—秦皇岛：燕山大学出版社，2020.12
ISBN 978-7-5761-0131-7

Ⅰ.①执… Ⅱ.①王… Ⅲ.①大学生—思想政治教育—研究—中国 Ⅳ.①G641

中国版本图书馆 CIP 数据核字（2020）第 240875 号

执行与创新——当代大学生社会主义核心价值观培育研究
王培 著

出 版 人：陈 玉
责任编辑：张 蕊
出版发行：燕山大学出版社 YANSHAN UNIVERSITY PRESS
地 址：河北省秦皇岛市河北大街西段 438 号
邮政编码：066004
电 话：0335-8387555
印 刷：英格拉姆印刷(固安)有限公司
经 销：全国新华书店

开 本：700mm×1000mm 1/16　印 张：17　字 数：195 千字
版 次：2020 年 12 月第 1 版　印 次：2020 年 12 月第 1 次印刷
书 号：ISBN 978-7-5761-0131-7
定 价：68.00 元

前 言

人类在认识世界和改造世界的过程中所形成的价值观在人的自身行为和自身认识过程中起着决定性的作用，它直接影响社会个体的理想信念、价值判断与生活目标的设定，不但反映了人们总体的认知和需求状况，而且对个体的行为动机起着导向和支配作用，其重要性不言自明。纵观历史，每一个国家都在凝练符合自身需求的核心价值观，每一个民族都在构建能促进自身发展的核心价值体系，并使之不断完善。比如在我国两千多年的封建社会里所建立的以儒家文化为代表的核心价值观，则让中华民族虽饱经沧桑但始终屹立于世界民族之林。

当前，国际形势风云变幻，经济全球化，信息国际化，政治格局多元化，文化发展多样化，传统与非传统的安全威胁相互交织，不稳定、不确定因素不断增加，不同文明、民族、宗教和发展模式在竞争中共存，在交流中发展。而国内形势更是纷繁复杂，改革已然进入深水区，政治、经济、文化、利益分配等各方面正在发生着深刻的变化和调整。在如此严峻的国际国内形势之下，中央高度重视培育和践行社会主义核心价值观。十九大报告中也明确指出，要培育和践行社会主义核心价值观，要以培养担当民族复兴大任的时代新人为着眼点，强化教育引导、实践养成、制度保障，发挥社会主义核心价值观对国民教育、精神文明创建、精神文化产品创作生产传播的引领作用，把社会主义核心价值观融入社会发展各方面，转化为人们的情感认同和行为习惯。

当代中国高校在校生大多是“95后”与“00后”，他们是真正意义上和市场经济同生同长的一代。改革开放使人民的物质生活空前丰富，但伴随而来的是物质主义的泛滥，拜金主义的盛行，一些人盲目追求物质的满足，迷信金钱的力量，信仰迷失。在物质生活丰富的同时，人们的精神生活却没有相应地丰富起来。西方各种良莠不齐的文化思潮通过便捷的信息化手段不断涌入我国，对当代大学生的价值观造成了巨大的冲击和影响，造成了他们的困惑与迷惘。

大学生是未来社会主义事业的建设者和接班人，他们是否具有坚定的社会主义信仰，是否具有“富强、民主、文明、和谐”的价值目标，是否具有“自由、平等、公正、法治”的价值取向，是否具有“爱国、敬业、诚信、友善”的价值准则，直接关系着未来社会主义事业能否顺利地得到发展和推进。大学生正处在人生发展的关键时期，其世界观、人生观和价值观正在不断地形成，具有极大的可塑性，也因此极易受到非主流思想观念的影响，多元的价值观念会对他们的思想意识产生冲击。因此，要加强对大学生的社会主义核心价值观培育，探索可行的教育途径，这不仅对于大学生的全面、健康、可持续发展具有十分重要的意义，对于社会主义和谐社会以及和谐校园的构建同样意义匪浅。

目 录

第一章　社会主义核心价值观概述

第一节　社会主义核心价值观的内涵

一、社会主义核心价值观的界定及内容

（一）相关概念的界定

1. 价值

价值的原意是指事物的用途和积极作用，它表示人与各种客观对象之间需求和满足需求的关系。这是因为，人们不仅要认识客观事物的外在特征，而且要从利害、好坏、善恶、祸福、美丑、是非等角度对它们进行考量。然而，对价值进行科学研究，又不能仅仅局限于“关系”这个层面，因为主体和客体相互发生关系只是价值的一个必要条件，而价值的形成还需要通过主体的实践活动实现，并要求客体具有一定有用性。因而，笔者较为认同对于价值所作出的如下定义：价值“就是主体在实践活动中，通过主客体相互作用，客体的存在和属性对于主体需要的适应与满足所表现出的效益、效用和意义”[①]。这一定义说明了主体是价值的承担者，而客体是价值的载体，实践则是价值确定的必要方式，而且有用和有效是价值的最关键之处。

2. 价值观

价值观是一个比较抽象的范畴，它与日常生活中的价值观念和价值倾向有着重要的区别。我们可以通过对比价值观

①石云霞 . 当代中国价值观论纲 [M]. 武汉 : 武汉大学出版社 ,1996:13.

与价值观念的不同内涵，更好地认识价值观。首先，价值观念是人们在具体的社会生活和实践活动中，所形成的各种事物的利害、好坏、善恶、美丑、是非等观念。可以说，价值观念是人们在具体的情境下所拥有的对一定事物的主观感受。而价值观超越了价值观念的具体性，它是一个哲学上的重要范畴。简单地说，价值观就是“各种价值观念和价值知识的一般观点或根本观点的概括”[①]。这就是说，价值观是对多样的价值观念进行抽象而得来的具有普遍意义的哲学范畴。价值观是系统化了的价值选择的结构体系，“是具有世界观、方法论意义的价值评价标准和价值评价思想的综合观念形态”[②]。

价值观是属于世界观、人生观层次的比较稳定的价值观点，其“最根本问题是个人和群体（社会、国家、民族）的关系及物质生活与精神生活的关系问题”[③]。从性质来看，人们的价值观既有肯定的、积极的，也有否定的、消极的。从内涵来看，它包括公私观、义利观、荣辱观、幸福观、生死观、友谊观、爱情观、自由观，等等。当前我们提出的社会主义核心价值观，则是从国家、社会和个人三个层面对价值观的一种划分。价值观对社会的存在和发展起着重要作用，它具有提供动力、导向、评价、聚散等功能。价值观从根本上决定人们的价值取向与选择标准。不同国家和民族的人们，因为价值观的不同而形成不同特色的文化传统。价值观在文化中居于最深层、最核心的地位，是影响一种文化变迁与更替的最强大的力量。

①王玉梁．理想 信念 信仰与价值观 [M]. 西安：陕西人民出版社 ,2001:10.
②杨德广，晏开利．中国当代大学生价值观研究 [M]. 上海：上海教育出版社 ,1997:2.
③张岱年．文化与价值 [M]. 北京：新华出版社 ,2004:10.

3. 社会价值观

按主体的标准划分，价值观可分为个体价值观和群体价值观。群体价值观包含了社会价值观。群体价值观是“特定群体在较长的历史进程中逐渐积淀、升华而确立起来的作为文化体系核心内容而存在的社会意识形态”[①]。而社会价值观就是以一定社会内全体人员为主体，在一定的文化传统观念影响下，经过较长历史过程而逐渐形成的对于事物的基本看法和态度。不同的社会必然形成不同的价值观，社会形态的性质是决定社会价值观内容的基本因素。例如，封建社会的核心价值在古代中国普遍体现为“三纲”“五常”；在西方世界则体现为“君权神授”，以及推崇服从、忠诚的“骑士精神”，等等。特定的社会价值观对于维系一个社会的运转与稳定有着特殊的作用。具体来看，它不仅有批判过时思想观念的功能，有设计未来社会发展目标的功能，而且还具有感召和凝聚社会个体的功能。可见，社会价值观所具有的如此重要的功能，决定了它在任何一个社会都是不可或缺的。

4. 社会主义核心价值观

核心价值观，又被人们称为主导价值观，它“是指在一定历史时期，统治者所倡导的对社会文化体系和个体行为起决定和支配作用的价值观”[②]。社会主义核心价值观，就是反映社会主义基本价值诉求的主导价值观，是社会主义核心价值体系的内核，体现社会主义核心价值体系的根本性质和基本特征，反映社会主义核心价值体系的丰富内涵和实践要求，是社会主义核心价值体系的高度凝练和集中表达。它包

①陈章龙，周莉．价值观研究 [M]. 南京：南京师范大学出版社，2004:26.
②陈章龙，周莉．价值观研究 [M]. 南京：南京师范大学出版社，2004:28.

含国家、社会和个体三个层面的基本内容，而这三个层面的基本内容实际上回答了我们要建设什么样的国家、建设什么样的社会、培育什么样的公民的重大问题。

（二）核心价值观的基本内容

党的十八大提出，倡导富强、民主、文明、和谐，倡导自由、平等、公正、法治，倡导爱国、敬业、诚信、友善，积极培育和践行社会主义核心价值观。富强、民主、文明、和谐是国家层面的价值目标，自由、平等、公正、法治是社会层面的价值取向，爱国、敬业、诚信、友善是公民个人层面的价值准则，这 24 个字是社会主义核心价值观的基本内容。

“富强、民主、文明、和谐”，是我国社会主义现代化国家的建设目标，也是从价值目标层面对社会主义核心价值观基本理念的凝练，在社会主义核心价值观中居于最高层次，对其他层次的价值理念具有统领作用。富强即国富民强，是社会主义现代化国家经济建设的应然状态，是中华民族梦寐以求的美好夙愿，也是国家繁荣昌盛、人民幸福安康的物质基础。民主是人类社会的美好诉求。我们追求的民主是人民民主，其实质和核心是人民当家作主。它是社会主义的生命，也是创造人民美好幸福生活的政治保障。文明是社会进步的重要标志，也是社会主义现代化国家的重要特征。它是社会主义现代化国家文化建设的应有状态，是对面向现代化、面向世界、面向未来的，民族的、科学的、大众的社会主义文化的概括，是实现中华民族伟大复兴的重要支撑。和谐是中国传统文化的基本理念，集中体现了学有所教、劳有所得、病有所医、老有所养、住有所居的生动局面。它是社会主义现代化国家在社会建设领域的价值诉求，是经济社会和谐稳定、持续健康发展的重要保证。

“自由、平等、公正、法治”，是对美好社会的生动表述，也是从社会层面对社会主义核心价值观基本理念的凝练。它反映了中国特色社会主义的基本属性，是我们党矢志不渝、长期实践的核心价值理念。自由是指人的意志自由、存在和发展的自由，是人类社会的美好向往，也是马克思主义追求的社会价值目标。平等指的是公民在法律面前一律平等，其价值取向是不断实现实质平等。它要求尊重和保障人权，人人依法享有平等参与、平等发展的权利。公正即社会公平和正义，它以人的解放、人的自由平等权利的获得为前提，是国家、社会的根本价值理念。法治是治国理政的基本方式，依法治国是社会主义民主政治的基本要求。它通过法制建设来维护和保障公民的根本利益，是实现自由平等、公平正义的制度保证。

“爱国、敬业、诚信、友善”，是公民基本道德规范，是从个人行为层面对社会主义核心价值观基本理念的凝练。它覆盖社会道德生活的各个领域，是公民必须恪守的基本道德准则，也是评价公民道德行为选择的基本价值标准。爱国是基于个人对自己祖国依赖关系的深厚情感，也是调节个人与祖国关系的行为准则。它同社会主义紧密结合在一起，要求人们以振兴中华为己任，促进民族团结，维护祖国统一，自觉报效祖国。敬业是对公民职业行为准则的价值评价，要求公民忠于职守，克己奉公，服务人民，服务社会，充分体现了社会主义职业精神。诚信即诚实守信，是人类社会千百年传承下来的道德传统，也是社会主义道德建设的重点内容，它强调诚实劳动、信守承诺、诚恳待人。友善强调公民之间应互相尊重、互相关心、互相帮助，和睦友好，努力形成社会主义新型人际关系。

二、社会主义核心价值观的主要特征

自党的十八大以来，中央高度重视培育和践行社会主义核心价值观，习近平总书记多次作出重要论述、提出明确要求。社会主义核心价值观，是我们党汲取人类思想精华、适应时代发展要求创造性提出来的，拥有广泛而深厚的历史和现实基础，体现了马克思主义价值观与中国传统价值思想的有机统一，具有鲜明的科学性、时代性、先进性、现实性、创新性、民族性和开放性的特征。

（一）科学性

社会主义核心价值观以科学的世界观和方法论为指导，体现了社会主义意识形态的本质，反映了对共产党执政规律、社会主义建设规律、人类社会发展规律的深刻认识。社会主义核心价值观立足于中国特色社会主义伟大实践，反映马克思主义中国化的最新成果，蕴含着以人为本、科学发展的要求，包含着富强民主文明和谐的价值目标，能够极大地激发人民群众的积极性、主动性、创造性，把价值力量转化为人民群众共同奋斗的物质力量，是真正能够引领当代中国发展进步的价值体系。

（二）时代性

马克思主义认为，社会意识源于社会生活，是对社会生活的思想反映和心理感知，其内容和形成发展取决于特定的社会经济基础和政治上层建筑，受制于社会生产力发展水平和与之相适应的全部社会生产关系。因此，任何意识形态要想保持旺盛的生命力，就必须与时代发展的进程相一致，必须具有鲜明的时代性。在改革开放的伟大实践中，社会主义核心价值观的内涵获得不断丰富和发展。改革开放之初，以邓小平为核心的党中央提出了社会主义物质文明建设和精神文明建设一起抓的战略方针，这时的核心价值观突出的是富强、文明两个要素。党的十六大确立了全面建设小康社会的目标，同时提出“人的全面发展”这一时代命题，核心价值观的内涵进一步获得丰富。党的十七大再一次与时俱进地丰富了现代化建设目标的表述，在富强、民主、文明、人的全面发展奋斗目标之后加上了和谐的要求。核心价值观要素不断增加，随着十八大、十九大的召开，社会主义核心价值观的内涵进一步得到丰富和发展，不断把握时代的脉搏，富有时代气息，具有鲜明的时代特色。

（三）先进性

社会主义核心价值观作为社会主义意识形态的核心，坚持马克思主义的根本立场，契合马克思主义的精神要旨。马克思主义是我们立党立国的根本指导思想，是社会主义意识形态的旗帜和灵魂。坚持和巩固马克思主义在我国意识形态领域的指导地位，是党和人民团结一致、始终沿着正确方向前进的根本思想保证。社会主义意识形态是以马克思主义为指导的意识形态，集中反映着社会主义社会的经济、政治生活，反映着社会主义制度的本质要求，体现着最广大人民的根本利益。社会主义核心价值观作为社会主义核心价值体系的实质，集社会主义价值理念之大成，把我们党倡导的基本理论、思想观念和价值取向系统凝练地整合在一起，是社会主义意识形态的核心内容，决定着社会主义意识形态的性质和方向。从这个意义上讲，社会主义核心价值观是迄今为止最科学、最进步的价值观，它具有主导社会思潮的先进性特质。在我国，富强、民主、文明、和谐以及人的全面发展，代表着最广大人民的根本利益，具有其他任何价值观都不可替代的先导性和影响力，因而必然成为主导社会思潮的伟大精神旗帜。

（四）现实性

马克思、恩格斯曾经指出："意识在任何时候都只能是被意识到了的存在，而人们的存在就是他们的现实生活过程。"经济社会转轨的现实给人们的思想带来了空前的活力，同时也造成了很大的冲击。在这种情况下，迫切需要一种能够真切反映而不刻意回避、扎根现实而不虚无缥缈的价值观，满足人们的精神渴求。社会主义核心价值观，不是脱胎于固有的套路和陈旧的范式，也不是源于抽象的思辨。它是鲜活的实践经验的提炼，是群众创造精神的升华，是时代呼唤的产物，来自实践、贴近实践、指导实践。社会主义核心价值观是社会主义制度在价值层面的本质规定，它深深立足于中国的现实，反映我国社会主义基本制度的本质要求，渗透于经济、政治、文化、社会建设的各个方面，在所有社会主义价值目标中处于统摄和支配地位，为中国特色社会主义的发展和完善提供了思想根基，是我国社会主义制度的内在精神之魂。

（五）创新性

改革开放是新时期最鲜明的特征，是建设富强、民主、文明、和谐的社会主义现代化国家的必由之路。40多年来，社会主义事业在改革开放过程中不断壮大，我们不断推进理论创新、实践创新和制度创新，并以创新保障了社会主义的生机和活力。根植于创新的沃土之上，社会主义核心价值观自然具有创新的张力与驱动力，能够在继承传统和与时俱进的结合中形成创新性，在紧跟形势任务变化步伐中保持创新性，在增强培育效果的实际举措中体现创新性。创新性使我国社会主义核心价值观具有无限的生机与活力，能够发挥持续的思想牵引和理念引导作用。

（六）民族性

每个民族都存在着特有的文化传统与精神积淀。一种核心价值观的确立，必须建立于本民族的文化传统之上。这对于文化传承久远、精神积淀深厚的民族来说，更重要、更突出。社会主义核心价值观遵循马克思主义的原则和方向，与中华民族的传统文化相承接，植根于中华民族文化的深厚土壤，广泛汲取中华传统文化的精华，闪耀着民族精神的光辉。独特的民族性使我国社会主义核心价值观具有深入人心的穿透力和众望所归的凝聚力。社会主义核心价值观深深植根于中华民族的土壤之中，积淀着中华民族最深层的精神追求和行为准则，符合民族心理，反映民族特征，体现民族品格。社会主义核心价值观凝聚了各族人民的根本利益，表达了广大人民的共同愿望，获得了各族人民的广泛认同，是具有鲜明民族特色、广泛社会基础的价值体系。

（七）开放性

社会主义核心价值观与我国社会主义基本制度紧密结合在一起，其根本价值原则是不变的。同时，社会主义核心价值观又具有与时俱进的品格和开放包容的气度，是坚持与发展的统一、主导性与包容性的统一、发扬传统与立足当代的统一。它善于吸收人类创造的各种优秀思想文化成果，不断用反映时代进步要求的思想观念来丰富人们的精神世界，是随着时代和实践发展而不断丰富完善的价值体系。这种开放性，是社会主义核心价值观永葆生机活力的源泉。[①]

---

①季明 . 核心价值观概论 [M]. 北京：人民日报出版社 ,2013:34.

三、社会主义核心价值观的主要功能

社会主义核心价值观是具有中国特色的主流意识形态，它是我国社会主义国家制度在社会精神生活领域占主导地位的价值观念体系和行为规范体系，是全党全国各族人民团结奋斗的共同思想基础和共同价值目标。它的实质是社会主义国家“制度化的思想体系”和“观念形态的国家机器”，是国家的重要“软权力”。它以意识反作用的方式在社会存在方面发挥巨大的作用，这种作用有时是决定性的。社会主义核心价值观主要有以下三个社会功能：

（一）主导功能

社会主义核心价值观具有主导引领和整合社会价值观念体系的巨大功能。

一是可以为变化发展的社会提供发展规则和理想目标。当前我国社会处于转型过程中，各种社会生活也在发生着变化，各种社会思潮起伏变幻，这使得主流的意识形态和原有的辨识框架受到巨大的挑战，甚至出现某种程度的认同危机。社会主义核心价值观最直接的功能就是在社会转型、社会生活发生剧变的过程中，为政府、社会和个人提供正确的判断标准和准确的社会理想目标，并制定基本的发展规则，以便在复杂多变的社会环境中，引领国家、社会和个人走向正确的方向。

二是可以为多元的社会提供共同的价值观念和行为准则。社会在转型过程中，利益格局呈现多元化、生活方式呈现多样化，这使得文化和价值观念出现复杂多样的特点是不可避免的，能否在多元的社会环境中建构起被绝大多数社会成员普遍认可的价值观念和行为准则，关系到社会转型的成败问题。社会主义核心价值观具有中国特色的主流意识形态，它包括思想理论、理想信念、精神风尚和道德准则等基本的价值因素，能够有效地整合和制约社会中非核心、非主导的价值体系，使其转化为凝聚当代中国共同理想信念的价值观念和行为准则。

三是可以为应对全球化挑战提供可靠的理论框架和分析工具。今天，经济全球化既为中国带来了经济发展的机遇，也令我国面临着严峻的挑战。冷战结束以后，西方敌对势力从来没有改变过他们的冷战思维，他们一直没有停止对我国的西化和分化。某些西方发达国家利用政治、经济、文化等各种渠道对我国的意识形态进行渗透，特别是利用无孔不入的网络通信技术和强制性的话语霸权，对我国的意识形态施行“和平演变”，他们的目的就在于动摇国人心中对社会主义的理想信念，破坏马克思主义在我国意识形态领域的指导地位。在这种思潮激荡、理论诱惑层出不穷的国际环境中，社会主义核心价值观为我们提供了辨别良莠真伪的理论框架和分析工具，它是我们面对一切意识领域挑战的精神武器和光辉旗帜。

（二）保障功能

社会主义核心价值观能够为建构中国特色社会主义文化和培育社会主义新人提供正确的方向、原则和价值基础。

一是可以为建构社会主义和谐文化提供根本导向。在当前的国际环境中，文化作为民族凝聚力和国家创造力的重要源泉，越来越成为综合国力竞争的重要因素。要推进社会主义文化创新，建设社会主义和谐文化，就要将主流的意识形态与社会文化保持一致。 社会主义核心价值观是推进文化创新和构建社会主义和谐文化的本质规定和根本目标。只有坚持社会主义核心价值观的培育和践行，我国的文化创新和文化建设才能朝着和谐繁荣的方向发展。

二是可以为弘扬民族文化精神提供理论支撑。民族文化精神是指一个民族在长期共同生活和共同实践的基础上形成的为本民族大多数成员所认同和接受的思维方式、思想品格、价值取向和道德规范的统一。民族文化精神与社会意识形态和经济基础之间存在着复杂的辩证统一关系。民族文化精神既受社会意识形态和经济基础的影响，又对社会意识形态和经济基础产生相当重要的反作用。另一方面，民族文化精神更具有稳定性和传统性的特点。从社会意识形态对民族文化精神的作用看，社会意识形态对民族文化精神的影响是直接、迅捷，并且具有自觉性的。社会意识形态由政府拓展到社会，对民族文化精神的存在和发展具有巨大的影响力和制约性，它可以促使其向社会主流意识形态引领的方向靠拢和转化。

三是可以为培育社会主义新人提供方向和目标。国以才立，业以才兴。社会主义事业的建设需要培养千百万的建设者和接班人。社会主义建设者和接班人的培养应以教育为本，德育为先。社会主义核心价值观所包含的马克思主义理想信念、时代精神、民族精神和社会主义荣辱观，是社会主义新人需要具备的最根本的精神素质。社会主义核心价值观为培育千百万的德智体美劳全面发展的社会主义建设者和接班人提供了目标和方向，是社会主义教育的基本内容和根本保障。

（三）维护功能

社会主义核心价值观具有维护经济基础和政治上层建筑的功能。

一是可以为社会主义经济基础和政治上层建筑提供合理性与合法性的论证。从制度理论的角度出发，社会是“制度化的关系性组织”。任何制度都是制度与价值的统一。价值体系总是在内涵与制度之中，一种制度体系实质是某种价值体系的制度化。同时价值也使制度具有了灵魂。社会主义核心价值观蕴含着丰富并且深刻的价值理论、价值标准和价值理想，它对中国特色社会主义经济基础和上层建筑作了科学论证，这也是它能够获得认同、建立深刻理想信念的内在原因。

二是可以为维护社会主义经济政治秩序提供价值支撑。秩序是每一个社会共同体追求的基本价值。马克思指出，秩序是建立在人们的现实差别基础上的人与人的统一。处于变革环境中的社会秩序的复杂性就在于，它要既有利于变革，又有利于稳定，并且将变革维持在一定的秩序框架之内。这需要一种特定的、深刻而灵活的意识形态体系为其服务。处于变革社会中的意识形态也是一种价值支撑，它必须具有特别强大的导向力、解释力、凝聚力和应对偶然事件的活力。社会主义核心价值观是适合我国国情的正确的“变革社会中的意识形态”，只要我们坚持奉行社会主义核心价值观不动摇，社会就能够继续朝着和谐秩序的方向快速发展。

三是可以为社会主义的经济基础和上层建筑的创新提供精神动力。创新是国家进步的动力和源泉，其中制度的创新尤为关键。社会主义核心价值观既为我国的制度创新提供了价值支撑，更提供了精神动力和思想来源，是我国进行制度创新的重要保障。此外，还必须看到社会主义核心价值观与科学技术之间、与人的生产力之间的辩证关系，社会主义核心价值观是能够通过意识的反作用为科学技术的创新和创新型国家的建设提供价值支撑和精神动力的。

第二节 社会主义核心价值观的历史变迁

一、社会主体核心价值观的孕育

社会主义核心价值观是在社会发展的过程中逐步形成的，有特定的历史发展轨迹。1949年中华人民共和国的成立，标志着我们胜利地完成了国家独立与民族解放，同时确立了以社会主义基本政治制度、基本经济制度和以马克思主义为指导思想的社会主义意识形态，为社会主义核心价值体系建设奠定了政治前提、物质基础和文化条件。后来，马克思主义、毛泽东思想深入人心，提出了实现“四个现代化”的宏伟设想，广泛开展了以爱国主义、社会主义、集体主义和为人民服务为主要内容的社会主义思想道德建设，以实现培育伟大民族精神和时代精神的目标。改革开放以来，我国社会主义意识形态建设不断进行新的探索，提出了从建设社会主义核心价值体系到以“三个倡导”为内容，积极培育和践行社会主义核心价值观的重要论断和战略任务。

1978年12月，党的十一届三中全会重新恢复和确立了实事求是的思想路线，坚持把马克思主义与改革开放和社会主义建设伟大实践相结合，使我国从此进入了改革开放的新时期。在科学继承毛泽东思想的基础上，我党先后创立了邓小平理论、“三个代表”重要思想、科学发展观等马克思主义中国化最新成果，使马克思主义在意识形态领域的指导地位不断巩固。

1997年9月，中国共产党第十五次全国代表大会胜利召开，这次大会是在我国改革开放和社会主义现代化建设发展的关键时刻召开的，是一次在世纪之交，承前启后、继往开来，保证全党继承邓小平同志遗志，坚定不移地沿着十一届三中全会以来正确路线胜利前进的大会。十五大报告首次使用了“邓小平理论”的科学概念，并把这一理论作为指引党继续前进的旗帜。报告指出：旗帜问题至关紧要，我们这次大会的灵魂，就是高举邓小平理论的伟大旗帜。大会通过的《中国共产党章程修正案》把邓小平理论确立为党的指导思想，明确规定中国共产党以马克思列宁主义、毛泽东思想、邓小平理论作为自己的行动指南。

2002 年党的十六大以后，中国开始进入了全面建设小康社会的新阶段。2003 年 10 月，党的十六届三中全会首次明确提出了科学发展观的重大战略思想，要求必须坚持以人为本，树立全面、协调、可持续的发展观，促进经济社会和人的全面发展。科学发展观促使全党上下和人们对于社会主义物质文明、政治文明和精神文明建设的协调发展和相互关系的认识达到一个新的水平。2003 年 12 月，中共中央召开全国宣传思想工作会议。胡锦涛在会议的讲话中指出，从党和国家事业发展的战略高度，进一步认识做好宣传思想工作的极端重要性；切实做好新形势下的宣传思想工作，是坚持和巩固马克思主义在意识形态领域指导地位的需要，是全面建设小康社会，促进社会主义物质文明、政治文明和精神文明协调发展的需要。会议提出，要引导广大干部群众正确认识社会发展规律，正确认识国家的前途和命运，树立正确的世界观、人生观和价值观，不断坚定建设中国特色社会主义的理想信念。爱国主义是民族精神的核心，要坚持把弘扬和培育民族精神落实到宣传思想的各项工作中，落实到精神文明建设的全过程。要宣传和弘扬解放思想、锐意改革、艰苦创业、开拓创新的精神，不断增强中华民族的创造力。

2004 年 2 月，中共中央、国务院印发了《关于进一步加强和改进未成年人思想道德建设的若干意见》。同年 8 月，中共中央、国务院又印发了《关于进一步加强和改进大学生思想政治教育的意见》。这些文件主要是针对我国青少年和大学生在思想道德领域存在的问题，以及西方一些国家把“和平演变”中国的希望寄托在中国下一代的阴谋而出台的。文件基本精神强调了要以理想信念教育为核心，深入进行正确的世界观、人生观、价值观教育；以爱国主义教育为重点，深入进行民族精神教育，同时要把民族精神教育与以改革创新为核心的时代精神教育结合起来；以基本道德规范为基础，深入进行公民道德教育。同年 9 月，党的十六届四中全会提出了构建社会主义和谐社会的任务，强调形成全体人民各尽其能、各得其所而又和谐相处的社会是巩固党执政的社会基础、实现党执政的历史任务的必然要求。这表明，中国共产党已经深刻认识到社会主义物质文明、政治文明、精神文明建设与和谐社会建设是共同发展的。

2006 年 3 月，中国人民政治协商会议第十届全国委员会第四次会议又提出了“以热爱祖国为荣、以危害祖国为耻，以服务人民为荣、以背离人民为耻，以崇尚科学为荣、以愚昧无知为耻，以辛勤劳动为荣、以好逸恶劳为耻，以团结互助为荣、以损人利己为耻，以诚实守信为荣、以见利忘义为耻，以遵纪守法为荣、以违法乱纪为耻，以艰苦奋斗为荣、以骄奢淫逸为耻”的社会主义荣辱观，继承和发展了社会主义思想道德建设褒荣贬耻的价值导向，以及我国古代“知荣明耻”的文化传统，同时又赋予了它新的时代内涵，深化了对社会主义道德建设规律的认识。同年 10 月，党的十六届六中全会第一次明确提出了“建设社会主义核心价值体系”的战略任务，明确提出了社会主义核心价值体系的内容，并指出社会主义核心价值观是社会主义核心价值体系的内核。各界开始对社会主义核心价值观的概括进行深入探讨。

二、社会主义核心价值观的发展

2007 年 10 月，党的十七大首次将建设社会主义核心价值体系纳入报告中，提出了建设社会主义核心价值体系、增强社会主义意识形态的吸引力和凝聚力的要求。十七大报告指出，“社会主义核心价值体系是社会主义意识形态的本质体现”，要“切实把社会主义核心价值体系融入国民教育和精神文明建设全过程，转化为人民自觉追求”，“积极探索用社会主义核心价值体系引领社会思潮的有效途径，主动做好意识形态工作，既尊重差异、包容多样，又有力抵制各种错误和腐朽思想的影响”。十七大以后，中共中央加大了对社会主义核心价值体系的宣传和教育。思想界、学术界等掀起了研究社会主义核心价值体系的高潮，深化了对社会主义核心价值、社会主义核心价值体系以及社会主义核心价值观的认识。

2008 年 12 月，胡锦涛在纪念中国科协成立五十周年大会上的讲话中指出，社会主义核心价值体系是我国指导思想、共同理想、民族精神、道德观念的集中体现。建设社会主义核心价值体系，是增强民族凝聚力和国家软实力的客观需要。显然，中央已经把建设社会主义核心价值体系上升到国家文化软实力的高度予以重视和建设。2009 年 9 月，党的十七届四中全会提出建设马克思主义学习型政党的新目标。全会强调要开展社会主义核心价值体系学习教育。党员干部模范学习践行社会主义核心价值体系，是建设马克思主义学习型政党的重要任务。2011年10月，党的十七届六中全会通过了《中共中央关于深化文化体制改革推动社会主义文化大发展大繁荣若干重大问题的决定》（以下简称《决定》）。全会认真总结我国文化改革发展的丰富实践和宝贵经验，研究部署了深化文化体制改革、推动社会主义文化大发展大繁荣一系列方针政策。《决定》指出，社会主义核心价值体系是兴国之魂，是社会主义先进文化的精髓，决定着中国特色社会主义发展方向。要坚持用社会主义核心价值体系引领社会思潮，在全党全社会形成统一指导思想、共同理想信念、强大精神力量、基本道德规范。这就将推进社会主义核心价值体系建设的重要性，上升到事关中国特色社会主义的发展前途和中华民族生死存亡的高度。

三、社会主义核心价值观的凝练

随着对社会主义核心价值体系认识的深化，中央以及理论界、学术界等都意识到，提出和凝练社会主义核心价值观不仅有必要，而且成为必然趋势。进入21世纪以来，国际国内形势都发生了深刻变化。一方面，西方主要资本主义国家意识形态渗透的深度和广度都在不断增加，方式不断变化。另一方面，国内人们思想活动的独立性、选择性、多变性、差异性日益增强，社会思潮空前活跃，各种思想观念相互交织，各种文化相互激荡，社会意识出现多样化的趋势。尤其是我国的改革开放进入到一个全面推进和深化的阶段，各种深层次的矛盾日益突出，各种利益的博弈更加激烈。面对全面推进深化改革的艰巨重任，全党上下以及全社会需要统一思想，同心协力攻克难关。2012年11月，党的十八大对社会主义核心价值体系进行了高度凝练与集中表达，十八大报告明确提出“三个倡导”，即“倡导富强、民主，文明、和谐，倡导自由、平等、公正、法治，倡导爱国、敬业、诚信、友善，积极培育社会主义核心价值观”，是对社会主义核心价值观的最新概括。

很多学者都认为，社会主义核心价值观是社会主义核心价值体系的内核，深刻揭示了社会主义核心价值体系的内涵，体现了社会主义核心价值体系的根本性质和基本特征，反映出社会主义核心价值体系的丰富内涵和实践要求。此后，研究社会主义核心价值观与社会主义核心价值体系的关系成为理论研究和探讨的一个热点。与此同时，中共中央加强了学习和宣传社会主义核心价值体系的力度，提出要积极培育和践行社会主义核心价值观。2013 年 12 月，中共中央办公厅印发了《关于培育和践行社会主义核心价值观的意见》（以下简称《意见》）。《意见》共六项 23 条，就培育和践行社会主义核心价值观的指导思想、基本原则、基本要求等提出具体意见。《意见》指出，要把培育和践行社会主义核心价值观融入国民教育全过程，落实到经济发展实践和社会治理中。强调要用社会主义核心价值观引领社会思潮、凝聚社会共识。《意见》还就开展涵养社会主义核心价值观的实践活动、加强对培育和践行社会主义核心价值观的组织领导等方面提出了要求。

党的十九大报告指出，要培育和践行社会主义核心价值观。要以培养担当民族复兴大任的时代新人为着眼点，强化教育引导、实践养成、制度保障，发挥社会主义核心价值观对国民教育、精神文明创建、精神文化产品创作生产传播的引领作用，把社会主义核心价值观融入社会发展各方面，转化为人们的情感认同和行为习惯。坚持全民行动、干部带头，从家庭做起，从娃娃抓起。深入挖掘中华优秀传统文化蕴含的思想观念、人文精神、道德规范，结合时代要求继承创新，让中华文化展现出永久魅力和时代风采。培育和践行中国特色社会主义核心价值观是经济社会发展的重要支撑，对巩固马克思主义理论在意识形态领域的指导地位，巩固全党全国人民团结奋斗的思想基础具有十分重要的作用。自此，社会主义核心价值观又得到了进一步的凝炼。

第三节 大学生与社会主义核心价值观培育的内在关系

一、大学生肩负的使命与责任

（一）大学生独特的人生阶段与历史时期

1. 大学生独特的人生阶段

首先，大学期间是人才成长的黄金时期，大学阶段是学习知识和技能的最佳时期。大学生正处于智力发展的鼎盛时期，处于记忆能力、认识能力、思维能力和创造能力四大智能发展的黄金时期，盛时不再来，人生能有几回搏，这时正是学习的黄金时代。大学生由于身体各种机能的健全和成熟，总觉得浑身有使不完的劲，并从中体验到自己的青春活力，深信自己的能力，感到没有任何力量可以阻止自己前进。因此，大学阶段无疑是人生发展的高峰期。此外，大学阶段还是人的个性心理品质逐步成熟的时期，也是大学生思想情感得到充分发展的时期。大学阶段为大学生的成长、发展创造了良好的条件，大学期间的学习生活是相当宝贵的，大学生应珍惜自己成长的这段宝贵时期。

其次，大学期间是大学生社会化的关键时期。社会化过程就是人适应社会生活的过程，从某种意义上来讲，人的一生也就是一个社会化的过程。大学阶段是人生的准备期，是人的各种观念、各种心理品质急剧变化，逐步走向成熟的时期。因此，大学期间形成的观念对人的一生特别重要，有些观念甚至影响人的一生。如果进一步阐述，主要表现在以下几个方面：一是职业基本趋向初步确立。大学不同于初、中等学校的教育，高等教育主要是职业教育，大学阶段是分专业进行教育的。大学生一进入大学校园基本上就面临一个职业定向问题。大学生围绕一定的职业定向学习基础课、专业课，从而逐步形成了与专业有关的知识结构和思维方式，形成了较为稳定的专业思想。二是思想观念的初步形成。大学期间，通过广泛而系统的知识学习，大学生逐步形成了一定的知识结构和较为独立的思维方式，这为他们对自然、社会、人生等一系列问题的深入思考创造条件，奠定基础。同时，他们也逐步建立了自己对自然、社会、人生的一些看法，基本上形成了较为稳定和成熟的政治观、人生观、世界观以及道德观。

大学时期是大学生人生发展的一个非常重要的阶段，大学生在大学期间，除了顺利完成自己的学业任务以外，还有更为广泛的人生任务。大学生应该抓紧在校的宝贵时间，促使自己各种正确观念的形成和人格的成熟，从而正确树立自力更生、独立自主的进取意识，真正提高自身应对当今社会快速发展的适应能力。当代大学生要顺应时代潮流，真正把握好在校的短短几年时间，发奋图强，刻苦钻研，做社会主义核心价值观的忠实践行者、宣传者和引领者，努力把自己打造成生活的强者、社会的精英、国家的栋梁。

2. 当代大学生独特的历史时期

意识形态的基本功能是进行文化与社会的整合，意识形态能够为制度合法性提供理论支撑。任何阶级社会都有它的主流意识形态，“意识形态作为一种观念的力量，它为政治权威与制度的合法性提供道义上的诠释，是统治阶级整合社会公众思想的重要手段”[①]。我们的党，是用马克思主义武装起来的政党，当然要以马克思主义及其中国化的最新理论成果为指导，坚定不移地高举特色社会主义的伟大旗帜，既不走封闭僵化的老路，也不走改旗易帜的邪路。而现在的中国，既有人希望走过去的老路，也有人希望走邪路，这两种主张，实质上一种是封闭僵化的思潮，一种是全盘西化的思潮。今天中国共产党的意识形态就面临着这两种思潮的挑战，过去也有这两种思潮，未来恐怕还会存在。所以，真正让马克思主义和共产主义的信仰、中国特色社会主义的信念深入人心，不受这两种思潮的影响，成为党和人民的当务之急。

此外，在追逐中华民族伟大复兴的中国梦的今天，高校必须确立社会主义核心价值体系的主导地位，必须牢牢坚持马克思主义的根本方向。社会主义核心价值观是兴国之魂，决定着中国特色社会主义发展方向。它对于引领当代中国先进文化的发展方向，加强民族向心力和凝聚力，提升民族生命力和创造力具有重要作用。大学生树立正确的意识形态，必须紧紧抓住这个根本，牢牢掌握我国意识形态领域的主导权、主动权、话语权，最大限度地凝聚社会思想共识。总而言之，在整个特殊的历史时期，培育大学生的社会主义核心价值观就显得非常重要。

①孔德永．当代我国主流意识形态认同建构的有效途径 [J]. 马克思主义研究 ,2012(6):91–99.

（二）当代大学生肩负的使命

1. 实现民族伟大复兴的历史使命

在改革开放的历史背景中成长起来的当代大学生，是继往开来的一代新人，肩负着民族复兴的历史使命。所谓继往，就是要继承民族优秀传统，继承老一辈无产阶级革命家开创的社会主义事业；所谓开来，就是着眼于当今时代的基本国情、基本世情，沿着中国特色社会主义道路，寻求中华民族的伟大复兴。“天下兴亡，匹夫有责”，青年学生从来都与国家、民族的命运紧密相连，是各个时期历史使命的具体承担者。新民主主义革命时期的历史使命是反对帝国主义、封建主义和官僚资本主义在中国的统治，建立新民主主义的中国。在中国共产党领导下，青年学生以救亡图存、振兴中华为己任，成为反帝反封建的先锋。新中国成立后，巩固新生的人民共和国，将新民主主义社会推进到社会主义社会，尽快满足人民日益增长的物质文化需要成为新的历史使命。广大青年学生积极响应党的号召，投身社会主义革命和建设，刻苦学习、艰苦创业、忘我劳动，为保卫和建设新中国建立了卓越的功勋。改革开放以来，时代主题发生了新的转换，广大青年学生在党的领导下，以邓小平理论为指导，勤奋学习、锐意创新、团结奋斗、勤勉工作，为社会进步作出了新的贡献。进入21世纪，为了建设富强、民主、文明的社会主义国家，实现中华民族的伟大复兴，中国共产党总结历史经验、把握时代特征，不断丰富社会主义核心价值观的内容及其内涵，为当代大学生履行历史使命指明了新的方向。当代大学生的历史使命是对光荣传统的继承与发展，无论什么时候，都以高扬爱国主义旗帜、献身祖国、服务人民为己任；当代大学生的历史使命是对党在新世纪的中心任务的具体承担，无论将来奋斗在哪个领域，都肩负着建设中国特色社会主义、实现中华民族伟大复兴的历史重任。

当代大学生肩负的历史使命，决定了必须对他们进行社会主义核心价值观的培育。首先，在全球化、信息化与市场经济时代，大学生既面临着国际范围内纷繁芜杂的各种社会思潮的影响，也面对着现实社会中良莠不齐的各种社会现象的冲击，只有加强培育与引导，才能使他们增强辨别力、提高洞察力，以强烈的历史使命感、高度的社会责任心作为内在动力，积极投身于中国特色社会主义建设事业中，为民族复兴贡献力量。其次，历史使命的履行有赖于较高的综合素质。只有切实提高自身的综合素质，才能够符合时代要求，担负起时代赋予的历史使命。因此，以社会主义核心价值观为指导，引导他们加强科学知识、科学方法和科学精神的学习，树立正确的世界观、人生观和价值观；抵制拜金主义、享乐主义、极端利己主义等思想，树立爱国主义、集体主义、社会主义思想；克服价值观念混乱、理想信仰迷惘、政治意识淡化、道德行为失范等现象，培养高尚的道德品质、较强的法纪观念、健康的心理素质和坚韧不拔的意志，最终使他们成为理想远大、热爱祖国、追求真理、勇于创新的全面发展的新时代大学生。

2. 践行社会主义核心价值观的使命

如果说有什么理想能够始终将亿万中国人凝聚在一起，那就是建设现代国家、实现民族复兴的中国梦。当代青年，尤其是大学生，要自觉培育和践行社会主义核心价值观，这是时代赋予我们的神圣使命。践行社会主义核心价值观是国家文化软实力建设的客观要求。社会主义核心价值观是兴国之魂，决定着中国特色社会主义的发展方向。美国知名学者约瑟夫·奈提出，一个国家的综合国力，既包括经济、科技、军事实力等表现出来的“硬实力”，也包括以文化和意识形态吸引力体现出来的“软实力”。“软实力”主要是指文化的吸引力、政治制度的生命力、价值观的吸引力、民族的凝聚力、国际影响力和控制力。他还认为国家软实力来源于三个方面：对他国产生吸引力的文化、言行一致的政治价值观和具有合法性与道德威信的外交政策。[①]软实力是通过吸引他人而不是强制他人而达到期望结果的能力，是通过文化等力量来实现的。而核心价值观是文化软实力的灵魂以及文化软实力建设的重点。一个国家的文化软实力，从根本上说，取决于其核心价值观的生命力、凝聚力、感召力。

中国近现代史，就是中国的文化软实力丧失殆尽的历史。中国人民在屈辱与抗争、保种与救亡的挣扎中，受尽了西方列强的欺侮。但自马克思主义传入中国并形成中国特色社会主义理论体系之后，中国人民在共产党的领导下，在马克思主义理论的旗帜下凝聚团结起来，万众一心，形成了一股坚不可摧的巨大力量，坚忍不拔，共克时艰，奋勇向前，中华民族不仅获得了民族独立和民族解放，而且还走上了富强繁荣的民族振兴大道。当今世界，文化软实力越来越成为增进民族凝聚力和向心力的重要源泉。如果说硬实力是建立在事实的基础上，那么，软实力就是建立在价值观的基础上。我们一定要加强社会主义核心价值观教育，而社会主义核心价值观教育的重点对象就是青年大学生。因此，需要加强对当代大学生社会主义核心价值观的培育，不仅使他们内化于心，更要外化于行。

① [美]约瑟夫·奈.软力量.世界政坛成功之道[M].吴晓辉，钱程，译.北京：东方出版社，2005:11.

自党的十八大开始，立德树人成了教育的根本任务，社会主义核心价值观的培育也被纳入国民的教育之中。作为一个个体，个人的价值选择是社会价值观念的基础所在、根本所系。涓流成海、积土成山，每个人秉持怎样的道德意愿、践行怎样的理想信念、追求怎样的人格品质，决定着一个社会的面貌，体现着一个时代的气质。当前，社会深刻变革，开放不断扩大，人们思想活动的独立性、选择性、多变性、差异性明显增强。有理想迷失、信念动摇者，有道德堕落、观念扭曲者，有腐朽落后思想、文化沉渣泛起，也有拜金主义、享乐主义、极端个人主义暗中滋长，但越是纷繁复杂，越要站得住脚跟，越需要以社会主义核心价值观为思想的压舱石、价值的定盘星，培育昂扬向上的品格。总之，社会主义核心价值观是人生奋斗的梦想之舵，是中华民族的精神之钙，是中国的兴国之魂。当代大学生一定要坚持正确的价值导向，要自觉践行社会主义核心价值观，力争早日成为中国特色社会主义事业的建设者和接班人。

二、社会主义核心价值观培育对学生发展的作用

（一）引导大学生树立正确的价值观

随着社会发展和科技的不断创新，社会对人才的要求越来越高，不仅要求其拥有扎实的专业知识，更要求其具备良好的综合素质，包括诚信、责任、合作精神、法制意识，等等。社会主义核心价值观作为社会主义社会的主导价值观，是推动经济社会发展的精神动力，代表着社会的发展方向。“三个倡导”的社会主义核心价值观，分别从国家战略、社会规范、公民要求三个层面明确了社会主义核心价值观培育和践行的基本要求和价值取向。“三个倡导”以坚持中国特色社会主义道路和我国国家发展的富强、民

主、文明、和谐为最高价值观目标，以自由、平等、公正、法治的社会和谐和社会规范的核心价值为关键环节，以对公民个人的爱国、敬业、诚信、友善要求为落脚点，体现了国家发展方向、社会规范尺度、公民个人要求的核心价值取向的有机协调，三者之间联系紧密，具有高度的系统性。[①]在大学生思想政治理论课教育实践中，要让大学生深刻领会社会主义核心价值观的科学内涵，自觉践行社会主义核心价值观，形成崇高的理想信念，确立正确的人生观和价值观，全面提高思想政治素质，使他们成为中国特色社会主义事业未来的建设者和接班人。

作为大学生核心价值观的引领主体，社会主义核心价值观在大学生核心价值观形成过程中引领作用也尤为凸显。

第一，在大学生核心价值观形成初期，社会主义核心价值观起到熏陶引导作用。社会主义核心价值观的“三个倡导”本身具备贴近生活、贴近实际、贴近民众的亲和力，在科学而有力的舆论氛围、文化辐射、政策激励和制度安排下，既能引领民众的思想又能服务群众，具有强大的向心力和凝聚力。在这种氛围下，大学生核心价值观形成初期就会受到社会主义核心价值观潜移默化的影响，在为人处世上不自觉地就会存在主流价值观的痕迹。

第二，在大学生核心价值观形成时期，社会主义核心价值观起到教育引领作用。大学生核心价值观内容的凝练是完全能够体现社会主义核心价值观的主要内容的，以社会主义核心价值观引领大学生核心价值观的形成，就是大

①王永贵.社会主义核心价值观培育的目标指向和实现路径[J].思想理论教育,2013(2):8-14.

学生核心价值观的形成培育过程，这也是高校思想政治教育的重要工作，其构成的四方面内容是教育内容的主要来源和引导方向。在大学生社会主义核心价值观教育过程中，一方面，利用第一课堂进行理论灌输，使大学生在接受课堂教育的同时，逐渐形成正确的政治素养、思想道德认知和行为习惯；另一方面，利用实践活动强化教育效果，使大学生在实践中将社会主义核心价值观的科学内涵内化为思想道德意识，并指导实践。

第三，在大学生核心价值观基本形成时，社会主义核心价值观起到精神归属作用。《论语》中有一句话是说：“吾日三省吾身，为人谋而不忠乎？与朋友交而不信乎？传不习乎？”这是人在价值观基本形成后精神状态的最好写照。当人已经形成了较为稳定的价值观，除了会在选择、判断事物时利用已有价值观作为价值标准，本能地作出反应，还会经常在人的头脑中以反省自查的状态出现，在不断理清思维脉络的同时能够检验价值观本身的正确性，检验处理事情的标准是否合乎自身的价值观要求，进一步审视价值观，约束行为。大学生核心价值观也是如此，它以社会主义核心价值观基本内容为内核，具有先进性和科学性，在进入大学生的头脑后，经得起实践的检验。其强大的精神归属力，能使大学生走出校园进入社会各个领域后，其内核不会发生变化，而且能够进一步地达到认同和内化。

（二）提高大学生的创新能力

从社会主义核心价值观的特点来看，社会主义核心价值观具有教育性、逻辑性、批判性等特点。

第一，社会主义核心价值观具有鲜明的教育性，它要求社会主义核心价值观教育要充分挖掘并合理利用优秀传统文化、高校思想政治教育等元素，将社会主义核心价值观教育寓于理论教育之中，强调不仅要教书，更要育人。同时，社会主义核心价值观教育还必须结合学生自身和社会实际开展，让学生在实际的锻炼中不断成长、壮大。这样就会使学生具备自主生活、独立实践的能力，初步树立正确的世界观、人生观、价值观，促进学生全面发展与进步。而要充分体现思想政治课的教育性，就需要学生在学习过程中，自觉地掌握和运用辩证、历史分析和阶级分析的观点及方法，并以之解决实际问题，从而提高学生自身的思考辨析问题的能力，即思辨能力。

第二，社会主义核心价值观具有鲜明的逻辑性，它要求将“三个倡导”的理论观点和社会生活的实际紧密联系起来。因此，学生在听课过程中要把握各个知识点之间的结构关系和新、旧知识之间的逻辑关系，使知识掌握富于系统性。而要做到这一点，培养学生的思辨能力就变得十分必要了，因为学生的思辨能力内涵比较广泛，其中不可缺少的内容就是逻辑思维能力的培养，这需要我们根据思维发展的规律来逐步提高学生的逻辑思维能力。

第三，社会主义核心价值观具有批判性特点，核心价值观教育是使学生能够运用马克思主义的基本立场、基本观点和基本方法来批判社会现实，辨析现实的是与非、对与错，运用批判性的思维方法来对待社会问题。而要体现批判性特点，就必须要求学生具有思辨能力，能够就事论事，不掺杂任何个人偏见，学会在比较鉴别中进行取舍，在价值判断中进行选择，在批判中进行扬弃，由此及彼，由表及里，对任何现象和事实都保持批判的精神，规范自己的行为，形成践行社会主义核心价值观的常态。

培养创新能力和实践能力，是21世纪素质教育改革与发展的核心目标，也是高校教育发展的基本方向。社会主义核心价值观为大学生创造与创新能力发展提供了良好的氛围。以社会主义核心价值观为主导，通过个性鲜明、创造质量较高的活动，培养学生敏锐的感知力、丰富的想象力以及直觉的洞察力和大胆的创造力。也就是说，在社会、学校积极向上的氛围中，通过社会主义核心价值观教育帮助学生提升正能量，激发学生创新意识和创新潜能。社会主义核心价值观教育不但能促进人们意识形态的发展，而且常常直接导致新的发现及超越。因为人的创造潜能的开发有赖于敏锐的知觉和丰富的思想，而要培养敏锐的知觉和丰富的思想就必须加强社会主义核心价值观教育，摆正价值观念，这是创新发展的先导。

营造良好的校园氛围，氛围是成长的土壤，要培养大学生的思辨、创新能力，就离不开良好的校园氛围。要以社会主义核心价值观为根本，营造宽松、健康的学术环境，培养大学生的思辨能力、创新精神；真理从来都是越辩越明，要在社会主义核心价值观的指导下，不断鼓励大学生存疑、辩论。在这样的校园环境下，大学生们才能不唯上、不唯贤、不唯书，只唯实，提出创造性的见解、观点和主张。

（三）满足大学生价值观发展的内在需求

21世纪以来，大学生的价值观念总体上呈现积极向上的发展态势。但面对现实生活中的一些冲突与矛盾，一些大学生也常常感觉困惑。一是精神追求与物质追求的失衡常常导致大学生义利天平的倾斜。当代大学生在享受着改革开放带来的经济成就的同时，又面对着社会的精神颓废与道德滑坡。他们既渴望物质富裕，又喟叹“世风日下”；

他们力图摆脱狭隘的功利主义，又逃避不了不良社会风气的侵袭。二是应该做“老实人”还是“精明人”常常让当代大学生感到难以定夺。当代中国在改革开放中走向繁荣，但也面临着艰苦朴素、热爱劳动、勤俭节约、诚实做人等中华传统美德的流失问题。三是当代大学生常常面对国家利益、集体利益与个体利益之间的选择。马克思主义认为，个人利益和国家利益、集体利益是有机统一体。但在个人主义、享乐主义的影响下，当前有的大学生个人意识膨胀，推崇享乐主义，很少考虑对社会、对国家的责任。四是当代大学生直面理想与现实的落差，常常在思想上出现困惑。面对现实生活中的就业难、住房难等实际问题，当代大学生常常会产生不满和牢骚，在价值判断时思想摇摆，难于找到准确的落脚点。

当代大学生要想实现自身的价值，需要以科学的价值观来引导，消除思想观念中的种种困惑，形成积极向上的价值观。当代大学生渴望在社会上体现自身价值，渴望为社会所承认和接受。但他们有时候认识不到树立正确的价值观是实现自我价值的前提和保证，有时候也难以判断自己既有的价值观念科学与否。从现实情况看，当代大学生有的在价值观念上存在着种种困惑，有的甚至存在着种种不良倾向。这些困惑和倾向如不加以引导，势必会影响他们的自我价值的实现。从当代大学生身心特点看，这个年龄段的学生，价值观正处于形成、发展和定格的关键时期，迫切需要科学的价值观的引导。从人的思想观念形成和发展的基本规律看，正确的思想意识不可能从人的头脑中自发产生，既需要学校教育的正面引导，也需要社会环境的积极培育。把握当代大学生价值观念形成和发展的基本特征与内在需求，以社会主义核心价值观引导他们价值观念的发展，是他们健康成长的内在需要，是高校思想政治教育的使命性工作。

第二章　当代大学生社会主义核心价值观培育分析

第一节　当代大学生社会主义核心价值观培育的环境分析

一、当代大学生社会主义核心价值观培育的国际环境

当代大学生社会主义核心价值观培育无法在真空中进行。在全球化时代，世界范围内的人员交往、信息流动、经济联系、文化交流日益频繁，对大学生价值观念的发展产生着深刻的影响。尤其是20世纪80年代以来，资本主义出现了新发展，社会主义出现了新变化，世界出现了政治多极化、经济全球化、文化多元化的趋势，这些因素伴随着知识经济的发展与信息技术的普及，构成了当代大学生社会主义核心价值观培育的国际环境。

（一）资本主义思潮的影响

自20世纪80年代以来，资本主义国家的发展进入了一个新的阶段，而中国正值改革开放初期，资本主义国家的众多思潮随着中国的改革开放涌入中国。可以想象，在20世纪80年代的时候，中国与西方国家存在不小的差距，无论是经济，还是制度上都是如此。所以，当西方资本主义国家思潮涌入的时候，很多人都开始崇信西方资本主义国家的思想，并且在这几十年的发展中不断深化。由于青年学生思想还不够成熟，知识准备又不足，他们对于资本主义许多问题的认识常常是模糊的，个别学生甚至想当然地认为社会主义不如资本主义，马克思主义已经过时。另外，

在活跃的学术氛围中，一些专家学者把资本主义的新变化解读为“人民资本主义”“经理社会”“福利国家”，等等。这些观点的流传也造成了大学生思想上的混乱，使一些大学生更加被资本主义的新发展所迷惑，对社会主义产生了怀疑和动摇。

资本主义的新发展直接影响了大学生的价值观走向，对大学生价值观教育提出了新的挑战。帮助大学生正确认识资本主义社会的新发展，成为当代大学生社会主义核心价值观培育的重要任务。通过核心价值观培育，引导当代大学生运用马克思主义的立场、观点和方法，全面地、具体地、历史地看问题，正确认识资本主义的本质，完整地、准确地分析资本主义的新发展，才能使大学生消除思想中的疑虑，纠正认识上的偏差。总之，着眼于资本主义的新发展改进当代大学生社会主义核心价值观培育，才能使大学生科学地认识资本主义的新发展，坚定社会主义理想信念，树立科学的世界观、人生观、价值观。

（二）世界发展趋势的影响

知识经济的发展是当代世界的第一大趋势。知识经济是建立在知识的生产、分配和使用基础之上的新的经济形态。在知识经济时代，人们创造知识和运用知识的能力是推动经济发展的最重要因素。20 世纪 80 年代以来，知识经济的深入发展，不仅极大地提高了劳动生产率，促进了整个生产力系统的升级换代，而且极大地改变着人们的经济生活、社会生活和精神生活，推动着社会各个领域发生着一系列深刻变革。

信息技术革命是当代世界的第二大趋势。信息技术的载体——互联网的出现是人类历史上的一场革命。由于具有“万维性”，互联网超越了国界，只要联网的地方，信息就是互通的；由于具有“匿名性”，互联网上任何人的行为都是在大众难以知晓的情况下发生的；由于具有“即时性”，互联网能够及时提供来自全球各地的最新资讯。20 世纪 90 年代以来，以互联网为载体的信息技术的普及，极大地改变了人们的生活方式，深刻影响着世界的政治、经济与文化状况。

政治多极化是当代世界的第三大趋势。东欧剧变后，两极格局终结，世界进入新旧格局转换时代。20 世纪 90 年代初至今，世界各大国之间的关系正在重新调整与定位，各种政治力量也在重新分化与组合，世界朝着多极化方向曲折发展。在多极化趋势下的国际局势下，和平与发展是主题，但是新干涉主义、霸权主义和强权政治蔓延，恐怖主义抬头，局部性的战争、动荡和紧张有所增加，不安宁、不安全、不确定、不稳定因素仍然大量存在。

经济全球化是当代世界的第四大趋势。20 世纪 80 年代以来，在地区合作的基础上，全球化成为世界经济的主要趋势。经济全球化一方面促进了生产力要素在国际范围内的优化组合，为世界各国提供了新的发展机遇；另一方面也加剧了世界经济的不平衡性，对发展中国家形成了巨大的压力和挑战。同时，由于各国经济相互依赖，一国经济尤其是大国经济的波动和震荡很快会波及其他国家甚至全世界。

文化多元化是当代世界的第五大趋势。20 世纪 80 年代以来，随着全球化趋势的加深，世界各文化体系的相互交流也日益深广。文化多元化把人们置身于多元文化景观中，使人们在相互比较中重新审视本土文化的话语方式、思维模式、审美标准和价值观念，不断吸取异质文化的长处来创新和发展本土文化。但是，西方国家由于在经济、政治、教育和科技等方面占有绝对优势，因此在文化上也处于强势地位，表现为“文化帝国主义”和“文化霸权主义”，对非西方国家处于弱势的本土文化形成了强烈冲击，并由此常常导致“文明的冲突”。

当代世界的发展趋势对青年学生的价值观念产生了深刻的影响，对当代大学生社会主义核心价值观培育提出了新的挑战。首先，在新的发展趋势下，西方敌对势力对中国的意识形态渗透从政治层面走向社会层面，并获得了新的表现形式，手段越来越隐蔽，越来越具有欺骗性。一些敌对势力借助文化艺术交流的机会，大力传播其价值观和生活方式。一些西方国家在经济交往中打着自由、民主、人权等旗号，有意推广其“西式”价值观念和政策。西方敌对势力的这些渗透，必然会使一些意志薄弱者或涉世未深者受到蛊惑，对西方价值观念产生盲目的崇拜，背弃社会主义价值体系。其次，在新的发展趋势下，国际范围内资本、信息、技术和知识流动的速度与自由度不断加强，削弱了传统的国家职能，挑战着传统的国家主权地位，弱化了青年学生的国家意识和爱国情感，增加了爱国主义教育的难度。尤其是一些以互联网为载体的即时通信工具的普及，使国际范围内信息的传播更为便捷，从而为某些别有用心的国家或社会团体从事文化颠覆提供了方便。再次，在新的发展趋势下，世俗化、大众化的文化配合着传播媒体的改进向全球扩张，其重视商业价值、追求感官享乐、主张个人主义等价值观念淡化了一些青年学生的理性关怀和集体观念。而信息技术的发展，又使人们逐渐陷入网络化的社会生活中，人的个性的表达越来越迁就网络化的世界、多面向的资讯和消费选择，使当代大学生社会主义核心价值观培育原有的方式及其效果受到新的考验。总之，当今世界的发展趋势，使多样化的思想文化、价值观念和道德观念的并存与碰撞成为常态，青年学生不可避免地受到西方价值观念和生活方式的影响和冲击，这给当代大学生社会主义核心价值观培育带来了新的挑战。

二、当代大学生社会主义核心价值观培育的国内环境

大学生价值观念的发展不仅深受国际形势的影响，而且和我国社会发展状况直接相关。我国是社会主义性质的国家，目前已进入现代化建设的新时期。伴随着我国经济转轨、社会转型，出现了种种新的社会问题，这必然会对大学生的价值观念产生深刻的影响，也对当代大学生社会主义核心价值观教育提出新的要求。

（一）中国社会性质及其影响

当代中国社会最基本的特点是实行社会主义制度。《中华人民共和国宪法》规定：“中华人民共和国是工人阶级领导的、以工农联盟为基础的人民民主专政的社会主义国家。社会主义制度是中华人民共和国的根本制度。禁止任何组织和个人破坏社会主义制度。”社会主义的制度性规定，是当代中国最为宝贵的政治资源，也是当代大学生社会主义核心价值观教育最为重要的思想资源。在中国，社会主义理想曾经在我们求得民族解放、促进社会正义、改善人民生活等方面发挥过重要作用。在今后的发展中，无论遇到什么样的艰难险阻，都应当继续遵循宪法对基本社会制度的规定，引导人民树立中国特色社会主义共同理想，坚持走中国特色社会主义道路。这正是当代大学生社会主义核心价值观教育的基

本内容之一。

现代性是当代中国社会的典型特征。从价值观研究的角度看，现代社会的最大特点是理性化和世俗化。现代社会意识形态领域的一个现象是：没有任何思想具有与生俱来、一劳永逸地支配人心的优势，一种思想，包括占统治地位的思想，要让人接受，必须提出让人接受的理由，必须让人觉得这种理由是站得住脚的。所以党的十六届四中全会警示人们，党的执政地位既不是与生俱来的，也不是一劳永逸的。执政地位的这种“不是一劳永逸”的特点同样也是党的指导思想的时代性遭遇。所以，无论是为增强党的执政合法性，还是为增强党的指导思想的号召力，都需要与时俱进、不断推进党的理论创新。社会主义核心价值观同科学发展观、和谐社会理论一样，都是党的理论创新的新成果。引导人民群众认同党的这些创新理论是当前思想政治教育与舆论宣传工作的重要内容，当然也是当代大学生社会主义核心价值观教育的重点所在。

换一个角度看，现代性包括技术、制度和文化等不同层面，或者说包括经济、政治、文化和社会等不同领域，而这些层面之间、领域之间的复杂关系，也是当前意识形态工作必须重视的现实背景。从改革开放初期的“四个现代化”到党的十七大报告提出建设“富强民主文明和谐的现代化国家”，既体现了国人对“现代性”之理解的发展过程，也体现了现代化的历史进程本身的展开。历史反复证明，现代化是一个总体推进、局部曲折并且内涵不断丰富因而也远未完成的过程，其中各个层面或领域之间经常出现不同步、不协调的复杂情况。近年来国内出现的“自由”和“平等”如何协调、“公平”和“效率”何者优先等争论，都是这种复杂情况的表现。开展当代大学生社会主义核心价值观教育，不可避免地要经常面对这些争论，而且要向大学生们作出合理的解释与引导。

（二）中国社会转型状况及其影响

20世纪80年代以来，我国社会的经济制度经历了由传统的计划经济向社会主义市场经济体制转换的过程。在社会转型过程中，我国社会出现了两个方面的显著变化。

首先，经济体制发生了深刻的变革。改革开放以前，我国实行的是计划经济体制，分配方式带有浓厚的平均主义色彩。改革破除了这种不符合生产力发展状况的经济模式，在重新认识了社会主义初级阶段的基本国情后，找到了适合生产力发展的社会主义市场经济体制。与此相适应，所有制形式也转变为以公有制为主体的多种所有制形式，分配方式转变为以按劳分配为主体的多种分配方式。

其次，社会结构发生了深刻的变动。一是由“总体性社会”向“分化性社会”过渡，社会经济成分、社会组织形式日益呈现出多样化趋势。二是基层社会组织由“职能型”向“自主型”方向转变，企事业单位自主性逐渐增强，独立化程度提高，不再像以往那样只是国家的“代理人”。三是农村社会由“乡村型”向“城镇型”转变，城市化步伐大大加快。四是社会总体上还呈现从“农业型”向“工业型”转变、从“封闭型”向“开放型”转变、从“产品经济型”向“商品经济型”转变等特征。[①]

我国社会转型中出现的上述显著变化给整个社会的价值观念带来了空前巨大的冲击。当前，我国社会的价值观念

①吕振宇．论社会主义核心价值体系[M].济南：山东人民出版社,2009:136.

总体上呈现出“多元并存，新旧交替”的状态。所谓“多元并存”，是指在共时性上，当今中国不仅有旧的、传统的、保守的价值观念的沿袭，而且有新的、先进的价值观念的生成；所谓“新旧交替”，是指在历时性上，我国社会转型时期的价值观念变革的总体走势和发展方向是除旧布新、推陈出新。转型时期“多元并存，新旧交替”的社会氛围，引发了当代大学生价值观念的诸多转变。第一，拜金主义日益严重，享乐主义日益突出。“货币万能”的观念根植于某些大学生心中，“小资生活”“享受孤独”成为一些大学生的精神向往。第二，传统价值观念淡化，个人主义膨胀。一些大学生忽视人与人之间应有的基本价值准则，对“老黄牛”“铺路石”等集体主义精神存有逆反心理。与此同时，一些大学生以自我为中心，争强好胜，“明哲保身”，不能处理好国家利益、集体利益、个人利益的关系。第三，信仰缺失，理想淡漠。信仰在转型时期的解构，使一些大学生的信仰处于真空状态，各种拜物教和泛神教的观念乘虚而入，引发了一些大学生的信仰危机。第四，出现偏激思想和逆反心态。一些大学生为求张扬个性，常走极端，思想偏激，性格孤僻，抑郁，愤世嫉俗。一些大学生与传统道德规范背道而驰，不分正误地与大多数人的观念相悖，以此来博得别人的注目。第五，“寻求刺激，体验感性”的思想盛行。随着社会的转型，大学生的价值观呈现出大众化、通俗化的特征，对感性事物的追逐日益凸显。一些大学生已逐步放弃对文化终极关怀的追求，漠视高雅文化，追求随心所欲的应时文化和快餐文化，自觉认同某些庸俗的社会潮流，使得神圣的生活理想、人生准则以及崇高的精神追求遭受前所未有的反叛与亵渎。社会转型带来的这些巨大冲击提醒我们，必须有的放矢、因势利导，有针对性地加强社会主义核心价值观教育，才能够引导当代大学生养成正确的价值观念。

在大学生价值观念发展过程中，无论是国际环境还是国内环境的变化，其影响一般都是潜移默化的，应对这些变化的挑战，正面的说服教育与引导一般还能奏效。但面对社会发展中出现的一些突出社会问题，面对现实生活中人的生存与发展的困境，辛苦培养起来的大学生进步价值观念往往会在一夕之间被颠覆。在中国，多年来形成的社会问题主要有贫富两极分化、大学生就业难、房价畸形上涨、医疗与社会保障不足和部分政府官员腐败等。这些问题产生的原因尽管有所不同，但都严重影响着大学生的价值取向，影响着当代大学生社会主义核心价值观教育的效果。要提高当代大学生社会主义核心价值观教育的有效性，必须正视并努力解决这些社会发展中的深层次问题。近年来，这些问题越来越引起社会各界的高度关注，社会和国家也正在逐步采取措施，力争从根本上消除这些问题产生的社会根源。这些问题的逐步解决，必将会极大地改善思想政治教育的社会环境，更好地推进当代大学生社会主义核心价值观教育。

第二节 当代大学生社会主义核心价值观培育的理论基础

一、马克思主义人学理论

（一）马克思主义人学理论的概念

马克思主义人学是马克思主义哲学理论的一个组成部分，是关于人的本质及其全面发展的一门科学理论体系，是关于人的哲学。作为相对完整的一个理论，它是在不断实践的基础上，分类整理自然科学和人文社会科学对人的发展的各种影响，从而总结出关于人的本质问题、人的发展问题、人的存在问题和人的价值问题的经典学科。在其论述的整个过程中，追求自由而全面发展的人是其根本宗旨和不变的目标。

马克思的人学思想从全局和整体的角度，总结归纳人的本质、人的存在、人生价值、人生目的的内在规律，揭示了关于人的发展的基本原则。这些方法论和思想指导，为思想政治教育工作奠定了深厚的理论基础，为思想政治教育工作沿着健康、正确的方向前进，为思想政治教育工作者更好地完成育人工作准备了更加充分的条件。大学生社会主义核心价值观的培育作为思想政治教育的主要组成部分，马克思的人学思想同样可以提供深厚理论基础以及理论指导。

（二）马克思主义人学理论的内容

马克思人学思想在经历成熟的演变和实践的检验后，逐渐发展形成内涵丰富的学科体系，马克思在其很多经典原著中论述了人学思想，涵盖了人的本质论、存在论、价值论和发展论。

1. 马克思主义人学理论关于人的本质论

人的本质问题是马克思主义人学思想中的基础问题和重要问题，是我们必须搞明白的关键问题。马克思的人学思想之所以伟大，在于他的理论精髓经得起实践的考验；马克思的人学思想之所以科学，还在于其对人本质的透彻理解。

第一，马克思是在现实的具体的社会中理解人的本质，马克思曾指出："我们开始要谈的前提不是任意提出的……这是一些现实的个人，是他们的活动和他们的物质生活条件，包括他们已有的和由他们自己的活动创造出来的物质生活条件。”[①]第二，马克思强调的人的本质是具有社会属性和历史性的。他指出人的本质“不是人的胡子、血液、抽象的肉体的本性而是人的社会特质”[②]，在《关于费尔巴哈的提纲》中也有关于人的本质的经典论述：“人的本质并不是单个人所固有的抽象物，在其现实性上它是一切社会关系的总和。”[③]人是社会中的人，离开社会属性谈论人的本质是不切实际的谬论。最后，从创生人的本质的源头实践角度去理解。实践出真知，只有回归到实践中人的本质问题才能真正地被理解和肯定。马克思指出：“我们不是从人们所说的、所设想的、所想象的东西出发，也不是从口头上说的、思考出来的、设想出来的、想象出来的人出发去理解有血有肉的人，我们的出发点是从事实际活动的人。”[④]

2. 马克思主义人学理论关于人的存在论

马克思主义人学涉及的范围是十分广泛的，关于人的本质论、价值论等的论述非常多，现实的各种社会问题和思想政治教育工作要求我们进一步深入挖掘马克思主义的人学理论。在这一哲学体系中，人的存在论是一个值得研究的新领域，目前的研究尚为浅薄。“存在”是我们日常生活出现频率极高的词汇，经典的“to be or not to be”的哲学存在问题也是众所周知，可见我们对“存在”至少是不陌生的。然而，当其上升到马克思主义的哲学之人学的经典论断时则不能轻而易举地被理解与领悟。马克思超越前人总结出全新的“存在论”，是经历了一场非凡的存在革命而实现的。做好任何一门学问必须是追其根源，马克思在不断的扬弃中颠

①马克思，恩格斯．马克思恩格斯选集（第一卷）[M]．北京：人民出版社，1995:66.
②马克思，恩格斯．马克思恩格斯选集（第一卷）[M]．北京：人民出版社，1995:56.
③马克思，恩格斯．马克思恩格斯选集（第一卷）[M]．北京：人民出版社，1995:56.
④马克思，恩格斯．马克思恩格斯选集（第一卷）[M]．北京：人民出版社，1995:73.

覆、跨越、总结，本着为伟大人类负责的态度使其理论脱颖而出，征服世界。

马克思超越前人形而上学范畴内的存在论，为全新的存在论作出解释。既然讨论的是人的存在论，当然离不开人这一主体。我们必须对人的具体问题具体分析，才能进一步探讨人的存在论问题。首先，人是一种自然的存在物。它首先有满足自己生存的欲望，必须保证这些肉体组织、生物机体正常的运转。它只有满足或者完成这些基本的生命存在，才有机会和能力做任何一切实践活动。为此，马克思指出："全部人类历史的第一个前提无疑是有生命的个人的存在。因此，第一个需要确认的事实就是这些个人的肉体组织以及由此产生的个人对其他自然的关系。"①

其次，人属于对象性存在物。在巨大的生存范围内，人将除了自己以外的其他存在物称之为对象。反之，其他存在物也将人看作对象性存在物。最后，人属于类存在物。这一点强调的是人的群体性和社会性。一个再强大的人，如果离开群体生活环境，他依然不能生存。既然是社会性存在物，必然与社会发生关系形成关系网。

3. 马克思主义人学理论关于人的价值论

马克思主义人学理论关于人的价值的界定涉及两方面的内容：一是社会对人的满足，包括物质的满足、人格的尊重、权利的实现；二是个人对社会的贡献和责任，包括对政治、经济、文化、生态等各方面的回报与努力。现实社会中存在的各种个人利己主义、拜金主义、享乐主义都是没有很好地认清二者的关系所致。高校学生群体中，部分青年一代

---

①马克思，恩格斯．德意志意识识形态（节选本）[M]. 北京：人民出版社，2003:11.

在面对个人利益和集体利益、祖国利益的冲突时，依然不会牺牲个人利益服从整体利益。马克思主义人学理论中的价值论恰恰就是针对这样的弊病作出了正确的指导。

当然，在面对二者利益冲突的时候，主张服从国家利益并不意味着完全抹灭个人利益。我们的宗旨是保证集体利益和国家利益不受损害的前提下，兼顾个人利益的实现。所以，必须把握好二者之间的尺度，否则偏其一方都会造成对马克思主义人的价值论的扭曲理解。尤其是在培育社会主义核心价值观的时候，过分强调集体主义和国家利益，直接导致的结果就是不能很好地发挥个人的积极性和主动性。个人利益的损失同时也会为整体利益带来负面影响。

4. 马克思主义人学理论关于人的发展论

众所周知，马克思描绘的未来理想蓝图是每个人自由而全面的发展。为了这样伟大的梦想，我们一代代人付出了艰辛的努力和探索。这里讲述的自由而全面包含丰富的内容。首先，共产主义社会中的自由不同于我们现在所讲的自由，那是一种社会个体的充分自由的发展。既然我们的目标是满足我们人本身的需求，因而我们希望成为真正的自由人，真正成为社会的主人。社会也尊重人的需求与个性发展，人与人、人与社会的关系将是极其和谐的。

其次，马克思关于人学思想之发展论还强调人的全面发展。第一，社会关系的全面发展。人是社会中的人，在与人交往的过程中会形成各种关系链，诸如家庭方面、道德方面、娱乐方面，涉及经济、政治、文化、生态等各个领域。我们应该努力做到全面发展。第二，自我素质的全面提高。这里所讲的素质包括全方位的内容，文化素质、身体素质、政治素质、思想素质、道德情操，等等。目前是应试教育“泛滥”

的时期，自我素质的全面提升显得尤为重要。很多学校对学生的发展只重智力，不重身体、心理素质的培育，这是目前我们思想政治教育工作中仍然存在的重大问题。第三，重视人的个性的充分体现。马克思关于人类自由而全面发展目标的实现，不排斥个性的存在，反而给予足够的空间尽其所能发挥个性。这样既满足人的精神需求，又可以将个人能力发挥到极致，而且这很有可能就是个人灵感和创意的来源。体现在教育工作者身上，就是需要教育者耐心认真教导学生，尊重个体差异，扬长避短，使每个大学生的身心都可以得到自由、全面、和谐的发展。

二、接受理论

从学理和内在逻辑上看，要培育大学生的社会主义核心价值观，应采用历史、现实与未来相结合的立体维度，接受主体、接受客体与接受中介全方位角度，综合各方面相关学科的知识，形成全面合理的理论基础。大学生社会主义核心价值观的培育，一个重要的理论根基源于接受理论。接受理论在教育界有着重要的地位和影响，对我们研究大学生的社会主义核心价值观，构建合理有效的教育模式具有重要的指导作用。

（一）接受理论简述

西方学术界对“接受”问题的关注并非发端于教育界，而是可回溯至古希腊的解释学和由此发展起来的接受美学。19 世纪末，德国哲学家狄尔泰在施莱尔马赫把狭义解释学发展成为哲学认识论和方法论的基础上，融入了历史学和心理学方法，使古典解释学发展到顶峰。而到了海德格尔和伽达默尔，则发生了“第二次哥白尼式的革命”，实现了解释学本体论的转折，并使古典解释学跨入现代解释学阶段。20

世纪70年代初，作为解释学在文艺领域的直接延伸，以研究文艺作品的接受问题为中心的新派文艺论接受美学在联邦德国首先发展起来。其理论先锋H.R.尧斯对接受美学的基本理论作了系统的阐述。他一反以往文学史只注意作品和作家的传统，强调读者对作品的重要意义，认为作品本身如果不经过阅读和理解就没有任何意义，成为没有生命的、死的语言材料。正是读者的阅读赋予了作品意义和价值。尽管接受美学在本质上也是一种消解哲学，但它对接受现象的重视是颇有意义的。

20世纪40年代在美国发展起来的传播学中的受众理论，率先对教育接受活动，尤其是以大众传播方式进行的教育中的接受活动展开了研究。美国传播学者关于大众传播对受众（接受者）的影响和作用的认识大致经历了“靶子论—影响有限论—社会类型论”三个阶段。早期的传播学者过分夸大传播工具的作用，把听众看作是毫无防御能力的“靶子”，处于完全消极、被动的地位，而传播者与媒介具有不可抗拒的力量，此即所谓的“靶子论”。然而，通过进一步研究，人们发现，受众对传播信息接收的状态受主体性因素的制约，因而外部传播对受众的影响是有限的，这就是所谓的“影响有限论”。此后对传播积累效应的研究表明，大众传播和受众的反应总是与多种社会因素交织在一起。受众因年龄、性别、种族、文化水平、职业、信仰、政治、经济地位等方面的差异，分为不同的类型。属于同一社会类型大群体内的受众对同一内容的反应基本一致，并以大体一致的方式去选择大致相同的大众传播信息内容，此即所谓的“社会类型论”。在此基础上，约瑟夫·克拉伯提出了接受者心理上的三种选择因素：一是选择性注意，二是选择性理解，三是选择性记忆。比较而言，传播学的受众理论侧重在更加具体的层面上研究“接受”问题，不像解释学和接受美学那样过于抽象，而且它还同自然科学建立了有机的联系，把定量分析与心理学方法引入了接受理论研究，使其结论更具操作性。

（二）大脑思想接受的运行机理

大脑思想接受的运行机理可作如下解读：

1. 反应状态

反应状态是接受者主体的感觉系统对施教信息作出大脑反应，是外来信息在主体意识中再现而形成相对应的观念形象，这是接受活动的起始环节，只是思想接受的准备阶段。

2. 接收状态

大脑思想的接收状态是指把外来的信号所具有的物理能量转化为思想信息予以接收，但并未涉及思想信息的潜在意义，并未注意其信息意义的不确定性。接收状态受其心理准备状态的影响。

3. 解读状态

解读状态是对已接受的思想信息作出自己的解读，这是对外来思想信息的对应状态，这是由感性反应向理性反应的过渡，即产生第一印象。对外来信息的解读，往往受到以需要和认知为基础的双因素的影响。

4. 筛选状态

筛选状态是接收、解读后对外来思想信息的分解和选择过程，这是受者主体的理性反应。受者主体根据对信息的解读与自身的需要，对施教信息进行筛选、过滤后，使其进入思想库。受者各有不同的筛选标准。

5. 整合状态

整合状态即对外来的信息的容纳、加工与整合，进而产生自己思想的重构过程。如果只讲新思想的获得，而忽视新知与已知的整合、重构，则思想接受难以到位。一般说来，只有外来信息与已有知识产生谐振，在思想自组织规律的作用下，才能产生新知。

6. 化解状态

化解状态是指外来思想信息经过加工整合，转化为自己新的思想认知结构以后，接受活动并未停止，后续接受活动仍在进行。一是内化，经过接受者的自省、反思过程，内化为情感，融入意志、信仰等主体意识，使认知深化，出现稳定性的思想状态。二是经过社会生活的验证，转化为社会行为方式，在劳动、交往、生活的各个方面表现为行为习惯，转化为接受新知的预备状态。三是外化，融入人群、社会，影响周围人，扩散为社会意识和行为，表现为新的思维释放与吸纳。

（三）大学生接受心理的特点

新时代大学生接受心理有如下几个特点：

1. 趋利性

物质利益是人类生存的基础，也是人们进行其他社会活动最基本的条件。马克思主义认为，人们奋斗所争取的一切，都与他们的利益有关。随着改革开放的深入发展，物质利益原则逐渐被承认，并开始作为调动人们积极性的手段使用。人们开始重视物质利益，特别是随着社会主义市场经济的发展，物质利益观念空前膨胀和凸出。追求利益最大化是市场经济的基本准则，市场经济的发展必然造成人们思想活动的趋利性。事实也确实如此，近年来在大学生中悄然兴起的盲目的趋利性严重侵蚀着大学生的心理健康，导致大学生的接受心理呈现出了较为明显的趋利性。

2. 多变性

人的思想从来就不是一成不变的，总是随着社会实践的改变而改变。在社会转型时期，思想活动的变化显得尤为突出。当前大学生思想活动的多变性，正是由目前我国正处在社会大变革和转型时期的基本情况所决定的。这就要求思想政治工作者增强敏锐性、洞察力和针对性，随时关注大学生思想变化的最新动向，及时洞察苗头性的问题，以科学的预测性和灵活多样的工作方法去适应大学生思想活动多变性的特点，引导大学生随着社会实践的深化，不断补充、修正、丰富自己的认识，使大学生的思想向积极健康的方向发展。

3. 选择性

随着现代科技的发展，信息传播工具和传输手段越来越多，现代传媒加上传统传媒，为人们提供了大量的信息，形成了一个巨大的信息“买方市场”。随着人们活动独立性的增强，这种选择表现为一种自主性的选择。直接影响人们思想选择的因素，一个是人们的接受心理，一个是被选择对象的吸引力。人们思想活动选择性的特点，为思想政治工作提出了更高的要求。这就需要思想政治工作者增强“阵地”意识，一方面要研究大学生的接受心理，利用现代科技手段增强主渠道信息的吸引力。另一方面对一些错误的思想观念要旗帜鲜明地进行有说服力的反击和批驳，不能放任错误思想观念的蔓延和传播。

4. 差异性

不同地域、不同文化层次、不同生活环境的大学生，其接受心理会存在较大差异，有些甚至会迥然不同。社会经济的快速发展、社会的大变革和社会结构日益复杂，都使得这种差异性更趋明显。比如城市大学生和农村大学生的差别，先富起来的家庭的大学生与其他大学生的差异，都值得思想政治教育工作者认真去发现，并根据不同的情况进行因材施教。

第三节　当代大学生社会主义核心价值观培育的原则

任何形式教育的实施，要想取得一定的成效，都必须要遵守一定的原则和要求。通过解读中共中央办公厅印发的《关于培育和践行社会主义核心价值观的意见》，笔者认为当代大学生社会主义核心价值观的培育应该遵循“三坚持”的原则，即坚持以人为本，坚持社会目标与个体目标相统一，坚持基础目标与先进性目标相统一。

一、坚持以人为本

在大学生社会主义核心价值观践行中，坚持以人为本，就是要尊重大学生的主体地位，关注大学生的利益诉求和价值愿望，关注大学生的理想信念。

（一）尊重大学生的主体地位

以人为本的核心在于重视人的主体地位。这要求我们把主体性原则贯穿到在大学生社会主义核心价值观培育之中。所谓主体性原则，意指大学生是践行社会主义核心价值观的主体。因而，提高社会主义核心价值观培育有效性的关键在于充分尊重他们的主体地位，切实研究他们的需要、特点，进而充分发掘他们自我教育的潜能。一般而言，德育的根本目的就是造就道德主体，而道德主体就是“具有自主道德意识、道德行为的社会成员”。同样，引导大学生践行社会主义核心价值观，不能只为他们提供思想理论和行为规范，而是要让他们自觉认同社会主义核心价值观的主体。正如雅斯贝尔斯所说："经过思考去运用一切工具和全面发展人的所有潜能，让学生在一切行动和信仰上做出自己的抉择，并通过认知让他们完全清楚地意识到自己所负责任的意义。"[①]坚持以人为本，首先应当积极转变教育理念。由于受传统教育观念的影响，有的教育者常常采取单向灌输的教育方法，教学方法和形式单一，这导致一些大学生对思想政治理论课缺乏学习热情。转变教育理念，就是要提倡现代的教师观与学生观，充分发挥学生的主观能动性，激发他们进行自我激励和自我塑造，增强他们的自我教育能力，从而使他们把社会主义核心价值观的基本内容转化为自身的内在要求。坚持以大学生为本，还要在社会主义核心价值观践行中凸显人文关怀，注意丰富大学生的精神世界，要真正接触学生的心灵，并引导学生认识自我，了解自己的内心世界，增强学生自我生命的存在意识。

（二）关注大学生的利益诉求和价值愿望

关注大学生的利益诉求和价值愿望，是激励其积极践行社会主义核心价值观的内在要求。这是因为，每个大学生在认知认同一种新的价值观念的时候，总会运用自己已有的价值观念去选择和过滤新的信息，只有那种与自身道德经验性质相同、相近、相适应的德育影响才会被接纳于个体的道德意识之内，否则就会被排斥。因而，坚持以人为本，必须充分认识大学生的价值取向现状，并关注他们的利益诉求。列宁曾指出，如果"不善于把理想与经济斗争参加者的利益密

①雅斯贝尔斯．什么是教育[M]．邹进，译．北京：生活·读书·新知三联书店，1991:113.

切结合起来，……那么，最崇高的理想也是一文不值的”。这提醒我们，引导大学生践行社会主义核心价值观，首先应当了解他们的需求特征。当前，一部分大学生不仅在日常的学习生活与人际交往中遇到难题，而且还经常因未来的就业问题感到压力重重。现实中的压力导致一部分大学生开始沉迷于网络、娱乐，逃避现实，导致大学生思想和心态上的消极。由此可见，除了对大学生开展正面思想教育外，还应当尽量指导大学生解决他们所面对的实际困难。唯有如此，才能使大学生切实感受到中国特色社会主义的优越性，从而积极践行社会主义核心价值观。

（三）关注大学生的理想信念

理想信念是人们价值观的内核，是主宰人们思想观念的精神支柱。如果没有或缺乏一定的理想和信念，人们将会陷于精神空虚、缺乏动力等心理状态。恩格斯曾指出，如果缺乏科学的信仰，人在“精神上会感到空虚，他对真理、理性和大自然必然感到失望，而且这种空虚，对宇宙的永恒事实的不相信，会一直存在下去”（《马克思恩科斯全集》）。理想信念在人的思想中的地位，决定了理想信念教育是思想政治教育的核心，也是大学生社会主义核心价值观培育的一个重点。当代大学生的理想信念既有积极、健康向上的一面，又有消极、迷茫、脆弱的一面，要充分了解学生思想存在的这种状况，因势利导，对症下药，按照学生不同的性格特征和实际情况，帮助学生树立远大理想和坚定信念，制定符合实际情况的职业生涯规划和人生规划，成就美好人生目标，在实现自身人生价值的同时，为社会作贡献，体现社会价值。

二、坚持社会目标与个体目标相统一

社会主义核心价值观的培育既指向社会目标的实现，也指向个体目标的实现。人们普遍对社会目标的认识较为到位，但对于学生个体目标的实现重视不够。社会是由个体组成，社会目标的实现依赖于个体目标的实现，所以应该统一大学生社会主义核心价值观培育的社会目标和个体目标。

（一）社会目标

大学生社会主义核心价值观培育的社会目标是由其意识形态属性决定的，体现出鲜明的工具性。在中国现阶段，大学生核心价值观培育的社会目标主要有引领思想、凝聚精神、稳定社会等几个方面。

1. 引领思想

引领青年学生的思想，是当代大学生社会主义核心价值观培育的重要社会目标。社会主义核心价值观包括四个方面的内涵，分别构成了自身的灵魂、动力、精神支柱与道德基础。在大学生社会主义核心价值观培育过程中，我们要旗帜鲜明地坚持马克思主义理论的指导，高举中国特色社会主义旗帜，大力弘扬以爱国主义为核心的民族精神和以改革开放为核心的时代精神，牢固树立社会主义荣辱观，充分发挥灵魂、动力、精神支柱与道德基础的作用。要把社会主义核心价值观融入大学生思想政治教育的全过程，以社会主义核心价值观引领青年学生思想发展，使其成为青年学生奋发向上的精神力量，成为他们努力进取、锐意创新、团结和睦的精神纽带，成为他们形成正确的价值观的基础。

2. 凝聚精神

精神状态决定行为方式。民族精神是人们积极向上的动力源泉，是一个民族赖以生存和发展的精神支撑。社会的发展、民族的振兴、国家的繁荣，都需要凝聚全体人民的精神力量，都需要崇高的民族精神。一个民族，没有振奋的民族精神和高尚的品格，不可能自立于世界民族之林。培育当代大学生的民族精神，有利于强化当代大学生的民族自尊心和自信心。激发他们的民族凝聚力和向心力，是国家稳定和发展的基础。社会主义核心价值观培育是弘扬和培育民族精神、凝聚人民精神力量的重要途径。面对当今复杂的国内外形势，在青年学生中弘扬和培育民族精神显得尤其重要。要坚持民族精神教育与时代精神教育相结合，引导青年学生培养爱国情怀，提高创新能力，保持积极进取、昂扬向上的精神风貌。

3. 稳定社会

社会主义市场经济体制改革势必涉及利益的调整，孕育冲突的萌芽。社会转型期各种“灰色”的思想与行为的存在，也使社会的道德风险、和谐风险加大。全球化时代，国际政治生活中的一些突发事件也会对国内的社会秩序产生冲击。在改革开放的过程中，要降低国内外社会变动带来的震荡，促进社会的和谐稳定，实现社会发展的各项目标，就需要疏通思想、化解矛盾、理顺关系、阐明事理。大学生对社会变革敏感；大学生是理想主义者，对社会上的一些“灰色”现象最不能容忍；大学生充满了社会责任感，“先天下之忧而忧”，面对涉及国家利益、民族尊严的事件，最容易作出反应。面对大学生群体，要加强引领，帮助他们树立正确的价值观，帮助他们理性分析、深刻认识各类现象发生的根源，引导他们通过合情合理合法的途径表达意见，力争把他们培养成为国家利益的维护者、群众利益的代言人与和谐社会的建设者。

（二）个体目标

个体目标是大学生社会主义核心价值观培育的基础目标，具体包括塑造人格、树立理想、增强责任等几个方面。

1. 塑造人格

随着社会环境和各种关系的改变，当代大学生面临着学习、生活与就业等各种压力和挑战。学习上的困难、经济上的压力、就业中的不适应、人际交往中的不协调、情感上的困惑、恋爱中的危机、自我封闭和遭受挫折后的心理障碍，都会影响青年学生的价值判断，甚至导致他们人格的异化。帮助青年学生更好地认识社会、认识自己，促进他们个性的发展和人格的完善，是价值观培育的重要任务。培养青年学生的健康人格，应着眼于他们自身的特点。大学生已经进入青年时期，掌握了一定程度的科学文化知识，但还没有广泛地接触社会和参与各种社会活动，人生阅历并不丰富，对人生的体验和思考也并不深刻。在应试教育体制下，一些中小学忽视对学生健康人格的培养，其毕业生进入高校后，虽然知识丰富，但精神世界苍白，存在着人格缺陷。大学生价值观培育不能只停留在知识的灌输上，而应注重提高青年学生的人格塑造能力。这种能力包括两个方面：价值评价与选择能力、价值观念的内化能力。前者相当于人体的免疫功能，后者好比人体的造血功能。有了免疫功能，才能正确判断是非，并将其作为人生道路上的航行定位；有了造血能力，才能不断提升自己的人格。

2. 增强责任

由于人天生就具备多重的社会角色，人天生就是多重责任的承担者，并且随着年龄的增长、社会角色的增多，会承担愈来愈多的责任。承担责任是主张权利的前提，也是获得自由的基础。从个人来看，只有承担起责任，才能自由而全面地发展。从社会来看，只有社会成员都具有责任意识、权利意识与自由意识，社会才能正常运行。近年来，在建立社会主义市场经济的过程中，一些人把利益原则视为生存与发展的基本原则，一些人格外关注权利与自由，却忽视了自身应当承担的责任。正是在这样的氛围中，当代大学生由高校走向社会，走向时代舞台的中心。他们是否是勇于承担责任的人，不仅影响着自身权利与自由的实现，影响着自身今后的发展，也影响着社会的发展。因此，责任意识是当代大学生价值观培育的重要个体目标。要着重培育其家庭责任与自我责任。家庭责任的缺失不仅影响家庭的和谐，也影响社会的和谐；自我责任的缺失，不仅导致对个体生命的漠视，也会导致个体生活能力的丧失。要以系统工程的思路培育大学生的责任意识，培育要由高校向社会、家庭与中小学延伸。培育的途径应该向实践体验型转变。责任意识教育仅仅停留在书本与课堂中是远远不够的，要创设责任情境，让学生在切身实践与情境体验中主动形成责任意识。

3. 树立理想

理想信念教育是大学生价值观培育的核心。对青年学生个人而言，理想是人生航向，是前进的动力。崇高的理想有助于青年学生凝聚精力、挖掘潜力、增强毅力，最大限度地实现自身的价值。在当代大学生中培育理想信念，一是要引导大学生正确认识国家的前途和命运，树立中国特色社会主义共同理想；二是要使青年学生掌握辩证唯物主义和历史唯物主义的立场、观点和方法，认识人类社会发展的历史规律；三是要帮助青年学生正确处理社会理想和个人理想的关系。

大学生对未来抱有美好的憧憬，富有追求和理想。在大学生理想信念教育中，要引导他们把社会理想与个人理想结合起来，把个人成长进步同祖国的繁荣富强紧密相连，在实现社会理想的过程中实现个人理想，在实现个人理想的过程中推动社会理想的实现。既要避免脱离个人理想谈社会理想，使理想教育流于形式主义；又要避免脱离社会理想谈个人理想，使理想教育偏离正确方向。

（三）社会目标与个体目标相统一

社会目标体现了党和国家的意志以及主流意识形态。意识形态是关于社会制度和生活方式的系统化的思想观念体系。意识形态指向某种目标和理想，试图把一种特定的社会立场合理化或正当化，对于维护政治体系稳定具有重要作用。经验表明，社会的稳定和发展，既要靠坚强的政治领导、雄厚的经济基础、完备的制度和法治，同时也要靠社会成员思想观念的统一和稳定。学校教育与媒体宣传是意识形态大众化的两个重要渠道。当代大学生社会主义核心价值观培育正是在学校教育中面向青年学生普及国家主流意识形态的过程。过度强调意识形态目标固然不合适，全盘否定也不是科学的态度。然而，大学生价值观培育绝不仅仅是意识形态大众化的过程，也是青年学生根据个人需要，把社会核心价值观个体化，促进自身发展的过程。就价值观培育、社会和个体之间的本质联系来看，社会主义核心价值观培育应该架起个人与社会之间沟通的桥梁，遵循社会目标与个体目标相统一的原则，既向青年学生传导和灌输社会主流意识形态，引导他们沿着党和国家所需要的方向发展，同时也尊重青年学生的个性需求，促进青年学生全面协调可持续发展，两者相辅相成，缺一不可。

三、坚持基础性目标与先进性目标相统一

如上所述，当代大学生社会主义核心价值观培育的目标，在横向上可以分为社会目标与个体目标。在纵向上，也就是从个体价值观念发展的角度看，由于个体的价值观念存在差异，如果在教育培养上采取一刀切的方式，用同一个目标要求所有青年学生，在教育效果上常常会适得其反。因此，应尊重差异性，对基础不同的学生提出不同的教育目标，从而实现有区别的共同进步。

（一）基础性目标

大学生社会主义核心价值观培育是在中小学生价值观教育基础上的延伸与发展，其目标在根本上是一致的。大学生社会主义核心价值观培育的目标在于完善青年学生从小学到初中、高中逐步形成的价值观念，达到国家、社会和个体发展对大学生价值观念的基本要求。在新的历史条件下，爱国主义、文明修养和文化素质构成了大学生价值观培育基础性目标的主要内容。

1. 爱国主义

爱国主义是当代大学生应当培育的最基础的价值观。爱国主义在每个国家都被视为美德。在中华民族发展史上，爱国主义是民族生生不息的精神支柱。在今天，爱国主义作为对祖国最纯洁、最高尚、最神圣的感情，仍然具有强大的凝聚力、感召力和生命力，是推动中国社会前进的精神引擎，也是增强经济实力、国防实力、民族凝聚力的精神支柱和力量源泉。爱国主义最能贴近青年人的思想实际，最能走进大学生的心灵深处，最能激发当代大学生的真实情感，最能得到大学生的理解与共鸣。爱国主义目标以弘扬民族精神为核心，而民族精神是爱国主义的集中体现。在中华民族五千年

的历史长河中，中华民族形成了自己的民族精神，比如封建社会时期“位卑未敢忘忧国”“先天下之忧而忧，后天下之乐而乐”；新民主主义时期的“长征精神”“延安精神”“井冈山精神”；新中国成立以来的“两弹一星精神”“雷锋精神”。在新时代，民族精神融合时代精神，又有了新的内涵，这就是解放思想、实事求是的精神，与时俱进、开拓创新的精神，知难而进、一往无前的精神，艰苦奋斗、务求实效的精神，淡泊名利、无私奉献的精神。这五种精神是对中华民族优秀精神和中国共产党人不懈奋斗精神的新概括、新发展，抓住了民族精神的本质和核心，应当成为当今爱国主义的内容。

2. 文明修养

文明修养是当代大学生价值观培育基础性目标的重要内容，是爱国主义的基础。中国古人崇尚“修身，齐家，治国，平天下”的人生理想，其中“修身”“齐家”是基础。如果连“修身”“齐家”都做不到，“治国”与“平天下”就成了空话。在当代中国，爱国主义不需要像战争年代那样赴汤蹈火、壮怀激烈，而是要求人们从小事做起，从点滴做起。在缺乏基本文明素养的人身上，爱国只能是空洞的口号；不懂得做人的基本道理和基本要求的学生，很难成为社会的有用之才。形成良好的道德情操和道德修养，能够自觉遵守道德规范，进行道德自律，是一个公民尤其是一个合格人才必须具备的基本素质。所以在当代大学生社会主义核心价值观培育中，应该把帮助和促进大学生形成良好的文明修养摆在重要位置，引导大学生自觉遵守“爱国守法、明礼诚信、团结友善、勤俭自强、敬业奉献”的基本道德规范。要引导青年学生加强文明修养和道德实践，努力成为胸怀祖国、志存高远、脚踏实地、品行高尚的人，为建设祖国打下坚实的基础。

3. 文化素质

文化素质与当代大学生社会主义核心价值观培育的基础性目标密不可分。人才素质包括思想政治素质、文化素质、业务素质和身心素质。其中文化素质是基础，为大学生其他素质的形成提供条件。文化素质与思想政治素质密不可分，共同统一于大学生全面素质之中。强调文化素质与思想政治素质的结合，就是要重视文化素质的基础性作用。就个体而言，离开文化素质，其思想政治素质就失去了根基；反之，离开了思想政治素质，文化素质也就失去了方向和价值。在大学生成长中，文化素质与思想政治素质缺一不可，两者均应成为核心价值观培育的基础性目标。文化素质除了表现为丰富的知识，还有更广泛的内涵。广义上的文化素质与知识素养、人文素养、科学精神、心理素质相联系，是以全面发展为指向的综合素质。把文化素质纳入当代大学生社会主义核心价值观培育的基础性目标，也就是以大学生全面发展为目标，促进大学生各项素质协调发展，德才并进。

（二）先进性目标

在当代大学生中培育社会主义核心价值观，除了要使大学生的主体达到基础性目标，还应当有更高的目标，即培养一批品德高尚、具有崇高共产主义理想和坚定的社会主义信念、能够在各个方面起模范带头作用的先进分子和骨干力量。这就需要在确立基础性目标的同时，针对大学生中的先进分子和骨干力量确立先进性目标，提升培育层次。

1. 推动民族复兴

大学生中的先进分子和骨干力量拥有较高素质、富有发展潜力，是未来中国党政领导人才、专业技术人才、经营管理人才的主要来源，中国的现代化、中华民族的伟大复兴的历史进程将来要掌握在他们手中。加强对大学生先进分子和骨干力量的培养，造就一大批优秀后备人才，是党和人民交给高校的光荣任务。为了培养好国家和民族的接班人，高校必须加强对大学生先进分子和骨干力量的培养，对他们提出更高的要求，进行更严格的训练。要积极引导大学生先进分子和骨干力量加入党组织，通过持续的党员先进性教育，不断提高学生党员的党性修养，把他们培养成具有较高的马克思主义理论水平、崇高的共产主义理想、强烈的民族精神与时代精神以及鲜明的社会主义荣辱观念的优秀党员，培养成青年学生中实践社会主义核心价值体系的典范。

2. 充实党的后备力量

以先进性目标要求大学生中的先进分子和骨干力量，是增强党的阶级基础和扩大党的群众基础，不断提高党的影响力和凝聚力的需要。高校是高素质的社会主义建设者的最主要来源，大学生毕业后会成为社会各个领域的中坚力量。以先进性目标要求大学生中的先进分子和骨干力量，抓好在大学生中发展党员的工作，可以使优秀学生及早充实到中国共产党的队伍中来，在党内得到更好的培养与锻炼。大学生党员毕业后进入各种经济社会组织，可以改善党员队伍的构成和分布，影响和带动社会各阶层人员更好地为社会服务，从而扩大党的工作覆盖面，提高党在全社会的影响力和凝聚力。积极把大学生中的先进分子和骨干力量吸收到党组织中来，是党的建设的一条基本经验。在21世纪，社会经济成分和经济利益多样化、社会生活方式多样化、社会组织形式多样化、就业岗位和就业方式多样化日趋明显。这“四个多样化”给党的建设特别是党的思想建设带来了大量新情况、新问题，对人们的思想观念、行为方式等各个方面都产生了很大影响。在大学生社会主义核心价值观培育中突出先进性目标，积极把大学生中的先进分子和骨干力量吸收入党，显得更加重要和紧迫。

（三）基础性与先进性相统一

在当代大学生社会主义核心价值观培育过程中，既要确立基础性目标，又要确立先进性目标，是唯物辩证法的根本要求。以辩证法的思维方式考查和分析大学生社会主义核心价值观培育，我们应当承认这样一个基本事实：大学生个体的价值观念之间存在差异，呈现出多元多层的复杂状态，且彼此之间相互影响。承认这一基本事实，就意味着大学生社会主义核心价值观培育的目标也应当呈现出层次性。对于价值观还不是很完善的学生，针对他们的价值观培育目标应以基础性目标为主；对于大学生中的先进分子，社会主义核心价值观已初步形成，针对他们的培育目标应超越基础性目标，提出更高的要求。因此，开展大学生社会主义核心价值观培育，既要针对大学生主体，确立基础性培育目标；又要针对大学生中的先进分子，确立先进性培育目标。在某种意义上，基础性目标是大学生社会主义核心价值观培育的推动力，先进性目标是大学生社会主义核心价值观培育的牵引力。既要以基础性目标夯实培育基础，又要以先进性目标引领培育方向。两者相互影响、相互促进，统一于培养高素质人才的实践中。

第四节　当代大学生社会主义核心价值观培育的机制

一、当代大学生社会主义核心价值观培育的领导机制

要进一步加强和改进大学生社会主义核心价值观教育，切实把大学生思想政治教育工作提高到一个新的水平，就必须紧紧抓住大学生社会主义核心价值观教育组织领导机制建设这个重要环节。通过明确工作分工，建立健全工作责任机制；搞好协调指导，建立动态预警和目标管理机制；做好督查考核，建立综合评价制度等来保证工作的不断推进。

（一）明确工作分工，建立健全工作责任机制

大学生社会主义核心价值观培育的领导机制是指在一定思想理论的指导下，经过长期的管理实践而形成的思想政治教育管理结构及配套的实施策略，是思想政治教育工作的组织形式，具有预见性、启发性和参照指导功能。它是一个完整的系统，每一部分都发挥着不可或缺的作用，分工明确、职责明确才能高效运行，可以说大学生社会主义核心价值观培育能否取得实效与领导机制构建的健全与否有很大关系。领导机制健全，富有实效，则学校上下都会形成一个良好的局面。大学生社会主义核心价值观教育领导机制的建立能否优化关系到这项工作能否从整体和宏观上实现稳定、持续、健康发展的大问题，大学生社会主义核心价值观教育领导机制的建设，是解决思想政治工作做什么、谁来做、怎么做的问题，是解决社会主义核心价值观教育怎样运转、怎样监督、怎样考核与评估的问题。

首先，要建立和健全“党委统一领导，党政团体齐抓共管，相关部门各负其责，全体教职工全员育人、全程育人、

全方位育人的工作机制”。在党委的领导下，制定教育过程的总体规划。在总体规划的指导和引领下，对各项具体执行措施加以细化，合理分配目标任务，力求教育工作井然有序，教育目标达到实效，学生价值观能在多元思潮的影响下始终保持正确的方向，实现社会主义核心价值观的内化。同时大学生社会主义核心价值观教育要把总的教育目标和具体决策要求分解落实到核心价值观教育的工作体系和管理体系内各个工作机构和工作人员身上，使各部门和人员能自觉根据各自承担的责任，以高效的方式执行教育决策，积极主动开展核心价值观教育活动，从而实现思想政治教育目标。

其次，依据制定的工作程序，建立规范的运行制度。大学生社会主义核心价值观培育的领导机制构建要有一套工作程序，包括工作目标和任务，工作方法，完成时间进度，信息传递、控制等。一些高校大学生社会主义核心价值观教育的组织领导工作没有做好，出现了覆盖不全的现象或者说没有达到宣传核心价值观教育的目标。究其原因，学校党委宣传部将工作重点集中在校园科技水平、校园活动的宣传上，没有很好地把握重点，偏离主题方向；学生工作部将工作重心放在对学生的日常管理上，只注重表面上的东西，侧重对学生的管理，而忽视对学生价值观的教育。这说明没有健全、统一的领导机制，没有规范的运行制度，大学生社会主义核心价值观教育就无从谈起。高校目前在核心价值观教育的运作制度上应该加强党团组织健全，力求层次分明，形成党委—党总支—党支部，团委—团总支—团支部完善的指挥链，使大学生社会主义核心价值观教育工作能够形成领导有力、组织健全、制度规范的良好局面。

最后，高校各级领导、管理工作人员、教师都是价值观教育的执行者，都需要不断适应形势加强自身素质建设。而高校辅导员处于社会主义核心价值观教育的第一线，全天候地为大学生提供专职服务，与大学生社会主义核心价值观的形成密切相关，为了适应高校大学生教育的新形势，需要不断加强辅导员队伍的建设，明确辅导员职业发展的方向和目标，不断开展专业化的培训，提升他们的生活保障制度。

（二）搞好协调指导，建立动态预警和目标管理机制

大学生社会主义核心价值观教育工作既是一个管理过程，又是一个目标实现过程，它需要各个职能部门和工作人员协同配合，共同推进核心价值观教育，这就需要搞好协调工作，建立动态预警和目标管理机制。大学生社会主义核心价值观教育，若不建立有效的预警机制，就不能预先了解社会及大学生的思想动态，一旦发生突发事件，就会手忙脚乱、不知所措。搞好大学生思想政治教育，必须建立其预警机制，随时掌握其思想动态，做到能从一些现象中发现潜在的问题，能从少数苗头性问题中发现带倾向性的问题，见微知著，将问题解决在萌芽状态。

第一，建立高校思想政治教育信息收集系统。建立一个多层次、多渠道、多触角的信息网络，保证渠道广泛、畅通无阻，要善于将网络与计算机技术结合起来分析处理信息。现代社会，互联网的普及，大学生网民数量的增加，大学生思想的接触不再局限于学校，他们通过网络了解新闻热点，逐步形成自己的世界观、人生观、价值观。特别是一些敌对的西方势力、恐怖分子善于通过网络这双无形的手来触碰大学生的思想，影响他们的价值观。因此，学校、各院系的学生工作部门和学生群团组织要建立有效的收集信息渠道，随时了解学生的思想动态。学生社区或者学院可以通过心理辅

导站、心理委员、班团委干部等渠道收集学生的信息。在学生生活园区和学生社团，派专门的指导教师，建立生活园区、学生社团的党团组织，加强对学生生活、学习、社会实践的指导，这样就能就近、及时、准确了解和把握学生的思想动态，随时掌握学生的心理，思其所思、想其所想、解其所难。这也是大学生社会主义核心价值观教育领导机制建设的重要组成部分。

第二，建立大学生社会主义核心价值观教育组织领导的决策和反馈系统。预警不是目的，解决深层次的思想问题，必须有科学的决策机制，使预警信息能够进入决策，影响决策。要做到决策正确，就要充分发挥各职能部门、党团组织、学生的作用，充分运用先进的科学技术手段以及先进方法和各学科的综合优势，建立信息分析平台。通过对所收集的信息进行深入分析，确保及时的“上情下达，下情上达”，主动遂行，讲求实效，对预见的问题，或者是现实中扫描到的不良现象，及时反馈，第一时间主动出击，力求做到最佳，这样才能增强大学生社会主义核心价值观教育的计划性。

第三，大学生社会主义核心价值观教育领导机制的建设既是一个管理过程，又是一个目标实现过程，管理的目的就是为了实现目标。因此，目标管理机制的建设是为了更好地为社会主义核心价值观的组织领导服务，其宗旨是将原来单一的、不联系的、各自为政的部门和教学单位以及个人转变为专门机构和全员参与相结合的新体制，其核心内容是确立大学生社会主义核心价值观教育的目标，然后将目标分解到各个工作机构上，建立一个相互监督、相互促进的工作责任体系。

（三）做好督查考核，建立综合评价制度

从哲学认识论的角度看，评价是对以往认识的再认识，即“反思”；从管理学角度来看，它是对系统进行运行控制，即“反馈”。思想政治工作评价，是按照一定的指导思想、目标和价值准则，并遵循严格的程序，通过系统地收集信息，有组织、有计划地对思想政治工作的客观效果进行判断评估的活动。其核心是为思想政治工作树立正确的价值观，进而引导、推动、督促思想政治工作朝着正确的方向发展，从而产生最大的管理效益。大学生社会主义核心价值观作为高校思想政治教育工作的一部分，其组织领导机制评价制度必须反映高等教育的自身特点和规律，必须反映高校思想政治教育工作的特殊本质，必须紧扣大学生这一特殊知识群体思想行为的实际特点。

首先，制定科学的干部考核评价标准，建立科学规范的考核评价体系。领导干部考核评价工作，是选好、用好干部的基础，是推进大学生社会主义核心价值观培育有效进行的关键。进一步完善干部考核评价工作机制，形成正确的选人用人导向，对于加强干部管理、建设富有生机与活力的干部队伍有着十分重要的意义。在这一过程中，坚持“一个中心、三个主线”，即以大学生社会主义核心价值观培育为中心，将社会主义核心价值观体系融入思想政治教育中，深入进行马克思主义世界观、人生观、价值观和荣辱观教育，占领思想政治教育主阵地，从而使考核评价机制的助推器作用充分发挥。

其次，创新内容设置，使考核内容更加全面。要尽可能地实现量化，量化管理的指导思想是对管理效果、管理过程作出数字化的评价。评价是否准确，即公正性的问题将直接

影响大学生社会主义核心价值观教育主客体的积极性，关系到量化管理的效果与成败。因此，大学生社会主义核心价值观培育的考核要围绕“德才兼备、以德为先”的用人标准，进行全方位考核，既要突出对工作实绩的考评，又要重视对干部“德”的考评，使“考绩”与“评德”有机结合；对干部的硬实绩、软实绩全部进行量化考核，更加注重民生事业、生态建设等科学发展指标的考核，让干部实绩看得见，摸得着。对于那些难以用效果量化衡量的指标，可选择管理对象中共同的指标，通过对象之间的比较，排出名次或划出等级进行量化。另外，要坚持整体性原则，进行多层次考核评价制度，将考核触角延伸到各个层次，针对“一把手”、副职干部、中层干部、普通办事员等不同层次的对象，制定相应的考核细则，用不同的尺子量不同的人，力求对大学生核心价值观教育有一个较为准确的评价，增强评价体制的可操作性。

二、当代大学生社会主义核心价值观培育的保障机制

当代大学生社会主义核心价值观培育系统工程的有效运行，有赖于完善的保障机制。保障机制，简单地说就是为了保证某项工作正常、有序进行所必需的基本条件。构筑当代大学生社会主义核心价值观培育的保障机制，需要重点做好制度保障、经济保障、队伍保障、环境保障等几个方面的工作。

（一）制度保障

制度是特定组织为了完成某项工作而制定的用以调节和引导，以及规范人们行为的措施、条例、计划、方案或规则。大学生社会主义核心价值观培育的制度，就是高校为了调节和引导，以及规范有关部门和工作人员在该项工作中的行为

而制定的措施、规划或工作指南。在新世纪、新阶段，高校应充分认识制度的重要意义，加强制度建设、制度创新，为大学生社会主义核心价值观培育的科学发展提供制度保障。

从系统内部诸要素的角度看，制度是个别要素发挥作用的基础。只有建立了科学合理的制度，系统内部诸要素之间的关系才能得到恰当的调整和处理，个别要素的行为才能符合系统运行的总体要求，系统整体上才能健康、有序地运行，达到协调、稳定、安宁、和谐的状态。制度不合理，系统内部诸要素的积极性就难以充分发挥，系统整体上就难以提高运行效率。从某种意义上来说，人是生活在制度中的，同样是那些人，施行这种制度，人们不积极；实施另外一种制度，人们就积极了。制度对了头，就会促进工作积极性和创造性，从而为各种思想问题的解决提供良好的条件，开展思想政治工作就有效多了。大学生社会主义核心价值观培育工作也是如此，制定和完善各项规章制度，对各阶段的任务、各环节的职责、各要素的行为作出合理的规范，用科学的制度管人、用合理的规范管事，系统内部诸要素才能合理配置，人们的积极性才能充分发挥出来，整体系统才能有效运行，见到实效。

多年来，由于人们在思想上认识不足、重视不够，大学生社会主义核心价值观培育工作的政策制定、制度建设仍有许多不适应形势发展之处，主要表现为：各高校之间制度建设不平衡，一些高校制度建设相对滞后；一些高校虽然也有种种规定，但在实际工作中却难以实行或不去实行，制度建设虚拟化，发挥不了实际作用。面对这些问题，要健全大学生社会主义核心价值观培育的机制，提高大学生社会主义核心价值观培育的效率，就必须制定或完善相关的规范、制度、法规、政策，形成有力的制度保障。

当前，加强当代大学生社会主义核心价值观培育，要紧紧抓住制度建设这个具有根本性、全局性、稳定性的重要环节，建立健全与法律法规相协调、与高等教育全面发展相衔接、与大学生成长成才相适应的制度体系，不断健全、完善促进大学生树立正确的价值观念的规章制度，为做好培育工作提供强有力的制度保证。要在学校和院系层面建立健全党政联合的基本制度，明确有关领导与有关部门的职责，使培育的基本程序制度化、机制化。要制定和完善引导大学生形成社会主义核心价值观的各项常规性规章制度，使大学生的价值观念形成过程有所遵循；要建立和完善目标管理制度和评价考核办法，以调动学校全体人员参与大学生价值观培育的积极性、主动性和创造性，努力形成教学、管理、服务等岗位各负其责的全员育人新局面。总之，要通过健全的规章制度为大学生价值观培育工作提供保障，更多地依靠制度、政策来调控培育系统各要素之间的关系，充分发挥各要素的优势，不断提高培育工作的科学化、规范化和制度化水平。

（二）经济保障

当代大学生社会主义核心价值观培育的经济保障，是指面向当代大学生实施价值观培育所必需的经济投入。正所谓“巧妇难为无米之炊”，如果没有一定的经济保障，加强大学生社会主义核心价值观培育就成了一句空话。因此，必须改变过去那种只靠“嘴皮子”做工作的做法，加大经济上的投入，在经费及物质方面给予有力的保障。

有些人认为价值观培育并不需要太多的经济投入，这其实是一种非常错误的认识。任何一种教育形成的实施都需要经济的支撑，这是一个基础。因此，高校行政主管部门应每年为大学生价值观培育工作编列专项预算，逐年加大投入，并采取措施使预算落到实处。高校应把大学生价值观培育工作所需要的经费开支列入学校预算，合理核定投入，保障必要的经费支持。大学生价值观培育工作的经费投入除了日常办公经费外，还包括基本建设经费、各种活动经费、教育培训经费、科研经费和奖励基金等。大学生价值观培育工作所需设施的建设与维护，大型宣传教育活动和社会实践活动的开展，高校思想政治工作者参加各种研讨会、交流会和专题培训会，都需要高校编列专项经费支持。为了推动培育工作适应形势、与时俱进、开拓创新，有必要设立这方面的科研经费，促进这方面的理论研究与实践调研。为了调动培育者的积极性，有关部门应设立专项奖励基金，用以奖励培育工作中涌现出的先进集体、先进个人。在经费来源上，应探索和形成多渠道的经费投入机制。一是要在财政拨款中编列专门预算，争取在资金投入增加幅度上不低于财政收入的增长幅度；二是要依靠社会方方面面的力量，多渠道、多形式筹集社会资金，作为补充经费。

随着市场经济体制的逐步确立，高校和社会之间从来没有像今天这样有如此多的深入交汇。开展当代大学生社会主义核心价值观培育工作，离不开社会的沃土。在新的形势下，大学生价值观培育需要跳出原有的工作模式，在学校教育的基础上，放开眼界，面向社会，拓宽教育渠道，丰富教育方法，利用各种社会性的活动基地，深化教育内容，加强教育效率。一是要加强社会实践基地建设。社会实践是大学生最欢迎的教育方式，加强社会实践，能够全面提升大学生的素质。教育行政部门和高校要建立各种类型的教学科研实践基地和部队活动基地、社区活动基地、勤工助学基地，使广大学生在参加社会实践的过程中接受教育。二是要加强爱国主义教育基地建设。爱国主义教育基地以博物馆、纪念馆为主体，是向大学生传播历史文化知识，进行爱国主义、集体主义、社会主义教育的重要资源。高校要充分利用爱国主义教育基地，在节假日和重大历史纪念日组织大型的参观访问活动，通过图片、文字、建筑等对大学生进行深刻的价值观教育。三是要加强素质拓展基地建设。素质拓展是大学生非常感兴趣的活动形式。通过素质拓展活动，不仅可以锻炼身体素质，而且能够培养克服困难的勇气、团结合作的精神、与人交往的能力。各级教育行政主管部门和高校都应积极建立各种形式的大学生素质拓展基地，借此推进当代大学生社会主义核心价值观培育工作。

（三）队伍保障

当代大学生社会主义核心价值观培育的队伍，是指从事大学生价值观培育的各类工作人员。从狭义上看，主要是指思想政治理论课教师和高校辅导员队伍；从广义上看，既包括高校所有和大学生接触与交往的干部、教师、教辅人员、管理人员和后勤服务人员，也包括校外社会实践基地的相关人员以及各类兼职教师、兼职辅导员。加强大学生价值观培育队伍保障，需要增强高校所有教职员工及校外相关人员的综合素质和德育意识，重点是加强以思想政治理论课教师和辅导员为主的专职队伍建设。

中共中央、国务院《关于进一步加强和改进大学生思想政治教育的意见》明确提出，要按照政治强、业务精、纪律严、作风正的要求，坚持专兼结合的原则，像重视师资队伍建设一样，高度重视思想政治教育队伍建设，努力为思想政治教育工作者创造一个干事有平台、发展有空间的良好环境，充分调动这支队伍的工作积极性和创造性，不断增强队伍的战斗力。这实际上也是对大学生社会主义核心价值观培育队伍建设提出的要求。根据中央要求和当前实际，推进大学生社会主义核心价值观培育队伍建设，要重点抓好专职辅导员队伍和思想政治理论课教师队伍建设。

在专职辅导员队伍建设方面，要从选留、培训、考核、待遇、发展等五个方面，制定有效措施，提高队伍的质量和战斗力。一是要坚持标准，严把“入口关”；二是要加强培养，不断提高素质；三是要严格考核，实现目标管理；四是要提高待遇，激发工作热情；五是要妥善分流，拓宽发展空间。通过这些措施，使专职辅导员真正成为“奉献的群体”，成为大学生政治思想的引路人，学风建设的有心人，社会实践的带头人，文化活动的热心人，日常生活的贴心人。

在思想政治理论课教师队伍建设方面，要培养一支政治坚定、业务精湛、学风优良、适应社会主义核心价值观培育需要的骨干教师队伍。一是要坚持正确的政治方向，加强思想政治理论课教师的思想道德修养，增强其社会责任感；二是要制定任职资格标准，实行准入制度，政治立场与党中央不一致的、专业素质不过关的，不得进入思想政治理论课教师队伍；三是要建立和完善思想政治理论课教师培训体系，不断完善其知识结构，提高其教育教学能力；四是要以高水平学科建设带动队伍建设，为思想政治教育教师队伍建设提供有力的学科支撑；五是要完善激励和保障机制，使思想政治理论课教师工作有动力，生活无顾虑。

在专职辅导员队伍和思想政治教育教师队伍建设的基础上，高校还要高度重视兼职辅导员队伍、课外思想政治教育指导者队伍和校外辅导员队伍建设。作为队伍建设的延伸，高校还要深入贯彻“全员育人”的理念，在全校范围内创造教书育人、管理育人、服务育人的良好局面。一是要高度重视并及时解决大学生生活中的困难和问题，把服务学生的工作做好，千方百计为大学生成长成才创造有利条件。二是要充分发挥专业课教师的育人作用，引导他们树立正确的教育思想，做到言传身教，为人师表；充分发挥各科教学的德育功能，结合相关教学内容，推进“课程思政”建设对学生实施社会主义核心价值观教育。三是各项管理工作都应着眼教育，从严要求，注意方法，成为重要的培育途径。四是学校各项服务工作都应与大学生社会主义核心价值观培育工作相衔接，全体服务人员都要热爱本职工作，以身作则，优质服务，使学生从中受到感染、激励和教育。

（四）校园环境保障

大学生在日常学习与生活中，更多的是浸润在校园环境及周边环境中。加强校园环境及周边环境的建设，会直接促进大学生社会主义核心价值观培育工作。校园环境建设是高校以精神文化建设为主、兼顾物质文化建设的一种社区文化建设，旨在把社会主义核心价值观培育的内容与要求渗透在物质、信息、制度、活动载体之中，形成潜移默化的影响力，为学生创造成长发展的良好环境。

首先，在校园的物质文化建设之中，极具人文内涵和教育意义的校园园林景观设计不但能让大学生在优美的校园环境中潜心学业、陶冶性情并体验美的享受，还能加强大学生对高校的认同感和归属感，从而使其通过不断地自我塑造和提升，努力向学校所宣传引导的价值形态规范靠拢。校园的文化雕塑以及宣传窗口，不仅向大学生展示着学科研究领域的优秀代表人物及其先进事迹，使大学生深刻了解专业历史和行业规范。也让大学生在耳濡目染的环境下，对自身的思想水平、道德情操和综合素质进行有意识的提升。更通过全面渗透社会主义核心价值观的精神，促使大学生养成得体的言行、优雅的风度和高尚的人格，并促使其思想境界在潜移默化中得到升华。

其次，作为校园文化的深层次形态，校园精神文化主要为长期办学、治学过程中形成的一种学校意识和文化观念，并体现在校风、学风、教风上。尽管它并不具备实际的形体，但却无时无刻不通过校园行为主体和文化活动进行呈现，让人能够时刻感受到其蕴含的独特凝聚力和感染力，从而自觉自发地形成价值认同。当然，通过校园精神文化建设来塑造大学生社会主义核心价值观，需要结合大学的传统和特色，对社会主义核心价值观的内容和思想进行提炼，并通过校园文化活动或者思想教育工作等载体，进行正面宣传引导，从而在大学生群体中形成集体价值认同。校园精神文化建设需要注重传承性和创新性，将学校自身丰富的历史文化底蕴与时代进行紧密联系并深挖其内在联系。学校的历史文化在不同时代可能有着不同的价值体现，不加分辨地对其进行全盘学习或继承，有可能会让校园精神文化的整体构建陷入僵局，对大学生的意识形态培育起到负面影响。因此，校园精神文化的建设应当充分与时代接轨，运用科学的社会主义核心价值观从国家、社会和公民三个层面对校园历史文化进行重新认识和理解，从而甄选出真正符合时代发展和社会需求的文化资源，为大学生社会主义核心价值观培育提供内容。

第三章　当代大学生执行能力分析与培育策略

第一节　执行力的概念、特征与构成要素

一、执行力的概念

（一）执行的概念

在对执行力进行界定之前，首先应明确什么是“执行”。执行，是一个为人们所熟悉的概念，几乎到了日用而不自知的程度，已经深深融入人们的日常工作和生活。古今中外对执行均有着深刻的论述和研究。中华先民很早就意识到执行的重要性，从春秋老子的“天下大事必作于细，古今事业必成于实”，到战国荀子的“道虽迩，不行不至；事虽小，不为不成”，再到清代唐甄的“为政贵在行，以实则治，以文则不治”，等等，都在强调执行的重要性。在《现代汉语词典》中，在解释“执行”时，有两个义项，即实施、实行（政策、法律、计划、命令、判决中规定的事项）。在欧美国家，公共政策学者多用“implement”和“implementation”来分别描述“执行政策”和“政策的执行”。我国学者一般用“执行”作为上述两词的译名，也译为“实施”。[①]虽然执行的重要性不言而喻，但到目前为止，关于执行的概念一直都没有清晰、统一的界定。在此，笔者参考彭志强的观点，对执行的概念作如下几种解读。

①王世忠．关于教育政策执行的涵义、特征及其功能的探讨 [J]. 培训与研究（湖北教育学院学报）,2001(1):64-68.

其一，执行是一种意识。如果对执行没有强烈的意识，不能每时每刻都想着执行，那么要想提升执行力几乎是不可能的。如果没有强烈的执行意识，随后诸多的执行体系、执行文化等就会“无用武之地”了，基本上形同虚设。

其二，执行是一门科学。执行不能只是停留在美好的愿望上，期盼自然、迅速地转变。执行是一个“系统工程”，光有意识不行，必须建立和依靠一种执行体系，以体系、结构解决这个难题才是最有效、最持久的方法。

其三，执行是一种意志。执行不能朝三暮四、虎头蛇尾，应该是十年如一日的坚持，必须有坚定的决心，以实际的行动来实现目标。[①]

（二）执行力的界定

对于执行力概念的认识，不同的学者在不同的研究背景下进行了多种不同的阐述，不同研究领域对执行力的定义还是有较大的差别。2002 年之前，“执行力”的定义多出现在法学领域。谢传海认为，法律的执行力是由执法行为的确定力、约束力和导向力所构成的一种合力。[②]许继棠指出：“行政处罚的执行力是指，行政处罚一经依法做出，便立即产生相应的法律后果，被处罚的相对人必须在规定的期限内实际地履行行政处罚所规定的法定义务。”[③]自 2003 年开始，“执行力”的概念迅速扩展到企业管理、公共行政管理等领域。保罗·托马斯与大卫·伯恩首先指出：“所谓执行力，指的就是组织执行战略，以此来实现组织的经营管理等战略目标的能力。”[④]徐前仓认为，“执行力就是企业使其战略规划、工作计划落到实处并得以实施的

①彭志强，刘燕，王湘云．卓越执行 [M]. 北京：机械工业出版社 ,2005:68-72.
②谢传海．法律执行力及效力功能 [J]. 中国技术监督 ,1995（4）:8.
③许继棠．论行政处罚的执行力 [J]. 中国工商管理研究 ,1996（9）:32.
④保罗·托马斯，大卫·伯恩．执行力 [M]. 源泉，译．北京：中国长安出版社 ,2003:229.

能力”[1]，它是企业战略有效执行的保障，是企业竞争能力的直接体现，其优劣是由策略、流程、人员三者之间的匹配程度决定的，而不仅仅与员工个人能力相关。时希杰认为，执行力从不同的角度有不同的定义：从整体的角度看，执行力是企业将高层决策加以实施以取得预期效果的能力；从个体的角度来看，执行力是个体按质、按量、按时完成自己的工作和任务的能力。[2]黄鹏认为，行政执行力就是指“落实、完成决策目标任务，贯彻执行政策、法规、规章等的一种能力”[3]，有广义和狭义之分；广义上的行政执行力是指所有公共部门以及企事业单位的行政组织贯彻执行能力，狭义的行政执行力仅指政府部门的行政执行能力。

在本章针对执行力的研究是立足于大学生群体，所以笔者认为，执行力的界定应该是一种转化能力，即把目标转化为现实的能力。执行力中的“力”，主要指的是一种转化“能力”，而且这种力是一种综合力，并非单向力。因为执行总是在一定的复杂场域中进行，难免受到各种干扰因素的影响，而要克服这些干扰因素所形成的阻力，以使执行不偏离其既定的正确轨道并顺利进行下去，就需要在执行的每个环节上产生相应的力以克服并抵消阻力。此外，执行力也表现为一个动态过程。从直观的字面意义上看，执行力似乎只是一个静态的名词概念而已。但在实际的运作过程中，执行力却是一个实在的动态过程，这主要源于执行力的合成效应。应该说，针对实现特定目标的一项具体的执行活动不是一蹴而就的，而是一个分阶段分步骤的、有计划的、循序渐进的过程，是阶段性和连续性的统一。

---

①徐前仓．芜湖卷烟厂营销执行力研究 [D]. 南京：南京理工大学 ,2003.
②时希杰．企业执行力理论与创新研究 [D]. 天津：天津大学 ,2005.
③黄鹏．我国政府部门执行力的提升研究 [D]. 成都：电子科技大学 ,2006.

在每个阶段每个步骤中，执行总是要及时根据瞬息变化的具体情况反馈来快速地作出相应的反应和应有的调整，进一步完善原定的策略、程序和计划，这种动态的调整贯穿着执行的始终，并在一定的程度上反映着执行力的强弱。概而言之，执行力既是一种能力，也表现为一种动态的过程，是“能力”和“行动”的统一。

二、执行力的特征

（一）主动性

所谓主动性，是指人在完成某项活动的过程中，来源于自身并驱动自己去行动的动力的强度。主动性是执行力的一个明显特征，因为相比于被动的约束而言，具有主动性的执行更具效率。比如一个学生在学习和实践中，发现自己对研究工作很感兴趣，决定毕业以后搞研究。通过多方面了解，发现考取硕士研究生是做研究工作的有效途径，因此准备考研。为了考研的成功，他说服了父母，得到了家庭的坚决支持；对时间进行了有效管理，按照“轻重缓急”对任务进行了分类，不同任务不同对待；主动发起了“考研者同盟”协会，会员每周聚会一次，进行信息的交流和共享；主动联系以前“考研”成功的同学，寻求帮助和指导；还参加了一个考研辅导班。他挤出一点一滴的时间来学习，经过一年多不断的努力，最后考上了理想的名牌大学。在“考研”这件事情的执行上，这位学生一直是以积极主动的态度去执行，最后在高效的执行力下完成了设定的目标。

（二）坚韧性

在上文我们提到，执行力的一种表现是过程性，而在这个过程中，并不总是一帆风顺，甚至有时充满了诱惑和困难，所以只有具有坚韧不拔的毅力，才能使执行更为有效，也才能到达最终的目的地。的确，执行的过程有时好似长跑，需要坚韧不拔的品质。因为在这条跑道上，可能有太多的痛苦要品尝，人生的道路不都是用鲜花铺成的，有时可能是沙尘飞舞、坎坷不平的沙土路。我们需要承受身体疲惫、呼吸困难以及摔倒后的疼痛，还有心中隐隐约约想放弃的念头。因此，无数人放弃了奔跑，选择在人生的道路上舒适、悠闲地散步。当然，也有一些意志坚强的人，带着自己的信念一直跑了下去，这就是坚持到底的执行。由此可见，具有执行力的人一定具有韧性，具有“沉舟侧畔千帆过，病树前头万木春”的百折不回；具有“千磨万击还坚劲，任尔东西南北风”的坚韧不拔；具有“宁移白首之心”“不坠青云之志”的坚定不移。

（三）协作性

协作是指在目标实施过程中，团队与团队之间、个人与个人之间的协调与配合。协作能创造出一种比单个战略业务单元收益简单加总更大的收益，即实现协同效应。协作的优点是可以充分有效地利用组织资源，便于集中力量在短时间内完成个人难以完成的任务。由此可见，在执行的过程中，通过协作可以促进执行力的提高。另外，对于执行的主体来说，有时是个人，有时是团队，而在团队之中，协作性的特征便被凸显出来。确实如此，当一个团队需要共同完成一项任务的时候，如果团队成员之间不能相互协作，即便每个人都具有较强的执行力，也只能是一盘散沙，一阵风就可以吹散，那最后的执行力就是 1+1+……+1=0。但如果成员之间能够相互协作，那最后的执行力就是 1+1+……+1=+ ∞，团队整体的执行力实现了最大化。

三、执行力的构成要素

执行力既涉及个人，也涉及组织，从个人执行力与组织执行力的角度去看，构成的要素虽然有共同点，但各有侧重。在此，笔者将分别从个人层面以及组织层面着手，针对各层面侧重的要素作一个简要的阐述。

（一）个人层面

1. 执行目标

有人认为目标与执行力没有太大关系，因为执行往往被认为是发生在目标制订之后。事实上，这种观点过于片面，因为制订目标本身就属于执行的范畴。科学合理、明确实际的目标既可以拉动执行，也可以推动执行。目标太高，执行起来难度太大，容易丧失信心；目标太低，执行起来又会失去动力。由此可见，目标在很大程度上影响着执行，是执行力的关键构成要素。

2. 执行的技能和方法

执行的技能和方法，就是执行过程中借助和使用的技能和技巧，它更多地依赖执行者的智能，包括知识、技能、思维等智力因素。虽然采用不同的方法都可以完成同样的任务和达到同样的目标，但工作的效率却存在差别。比如我们要去往一个地方，步行、骑车、开车都可以达到，但在速度上却存在很大的差异。所以，执行技能和方法的选择也非常重要。

3. 执行者的非智力因素

非智力因素一般包括情商、心态、信心、信念、毅力、激情、习惯等精神与行为因素。在人的发展过程中，这些非智力因素有着不可估量的作用。比如很多人虽然智力因素较差，但由于非智力因素较好，在非智力因素的支配和作用下往往也可以成就一番事业；而有的人虽然智力因素较好，但是非智力因素较差，结果一生碌碌无为。一个人的成功与失败在很大程度上不是智力因素决定的，而是非智力因素决定的。对于个人执行力来讲，非智力因素的作用同样非常重要。比如情绪消极的人执行效率通常比较低，没有信心和信念的人做事常常半途而废，而意志坚强的人则经得起风吹浪打和挫折磨炼。由此可见，非智力因素也是执行力的关键构成要素，甚至是最为重要的因素。

（二）组织层面

1. 组织结构

组织结构的设置制约和影响着组织成员工作水平的发挥。比如在同一个组织中，同一个人放在不同的位置上，工作的成效会有很大差别。所以组织结构直接影响和制约着执行力的发挥，也是执行力的关键构成要素。

2. 执行流程

流程是工作的先后次序、轻重缓急、环节关联、相互配合与制约。流程畅通无阻，则执行一路顺风；流程复杂烦琐，则执行处处受阻；流程简化，则执行速度加快。例如，三个操作步骤便可以完成的工作和任务，如果在中间增加一些程序，虽然同样可以完成，但效率却会大大降低。因此，流程的繁简也是影响执行力的关键要素。

3. 制度管理

简而言之，制度就是纪律，就是要使组织成员在统一的制度规则下行动和做事。正所谓“没有规矩，不成方圆”，制度的存在，就是给组织的行为加上评价标准和刚性约束。没有健全的制度，就无法形成健康的组织，也就不会有好的执行力。

4. 执行角色

执行角色就是执行任务的人。一个组织去完成一个任务，就好似完成一部戏剧，在这出戏当中需要不同的角色来完成剧情。选择什么样的人来做什么样的事、把什么人放在什么位置上，这对执行的成败十分重要。人选得好，位置放得恰当，效果就好；人选得不好或位置放得不对，效果就难以令人满意。另外，同样的事情让不同的人来做，效果也可能完全不一样，所以执行角色的安排也是执行力的一个关键构成要素。

5. 执行文化

对于执行力来说，文化是土壤、是温床、是营养液、是润滑剂。文化可以通过直观的表象影响组织成员的思想，进而影响组织成员的行为和执行力。良好的组织文化是提高执行力的内在动力，试想，如果组织成员没有共同的价值观、没有集体的荣誉感、没有个人的成就感和归属感，他们怎么会用心完成任务，也不会尽职尽责。只有拥有良好的组织文化，组织成员才会用心做事、注重形象、讲究速度、提高质量、关注细节、遵守纪律，从而把任务完成得更好。可以说，文化对执行力有着潜移默化的教化作用。

第二节　当代大学生执行力情况及培育现状

一、当代大学生执行能力现状

（一）大学生具备执行力的思想品质特征

1. 自动自发

良好的执行力必定是有着满腔热忱的意愿，具备高度自觉性及自动自发意识，可以积极主动地发现问题且解决问题，不能所有的事情都是被动地等待指示。大学生执行力培养不能仅是一个自动自发的口号而已，而应积极发挥学生自身的主观能动性及责任心，接受工作之后则应尽量地想办法做好各项工作。只有具备自动自发意识及积极的工作态度，学生们才能敢于面对和挑战工作时所遭受的挫折。

2. 注重细节

具备优秀执行力的学生不只是能够慷慨激昂地作会议发言，更应确保各项工作是保质保量地完成，务必尽善尽美。学生们务必将做好工作及追求完美作为自己义不容辞的责任，并且认真地对待，注重各方面细节，用更高的标准来严格要求自己。学生们应严格对待学校的各项指示及要求，确保每次都是将工作及任务落到实处，不能够简单地应付差事，更不能报以“差不多了”“凑合”等类似思想，执行中不能马虎及得过且过，否则优秀的决策也就只是纸上谈兵。

3. 为人诚信且勇于负责

良好的执行力也是诚信及责任意识的一种体现。常言道：“人无信不立。”诚信是做人做事之本，更是人和人构建信任的基础。所谓诚信就是应坚持公平及道德，不该做的事情就坚决不做，不能欺上瞒下，更不能运用职务之便为己谋私。勇于负责是一种可贵的品质，更是学生们赢得信任的基石，能够真正地实现自身价值，是重要的人生态度及职业精神。权力可谓是责任，权力大则责任也就重，学生们务必对自身岗位负责，也应该对学校或是企业负责，这是关键。

（二）大学生执行能力不足的表现

1. 缺乏贯彻执行的目标

当学校或老师布置任务时，他们不能从高度上理解任务的终极目标，或者只是把它当成一种命令，而没有把它当成一次提升自身能力的机会去积极应对，他们也不能认识到，学校或老师布置的任务对他们来说有何种意义，所以总是不能按时保质完成。

2. 缺乏贯彻执行的意愿

当代大学生身上出现的另一个显著问题是在树立明确的方向和既定的目标后缺乏贯彻执行的意愿。具备执行能力的前提条件就是完成任务的意愿，没有意愿就没有满腔的热忱和强烈的责任心。在工作中，有了这种意愿，则可以帮助人们扫除障碍。相反，如果没有意愿，对所做的事情就没有标准、没有要求、没有持之以恒的精神，自然也就不会有成功。

3. 缺乏完成任务的能力

缺乏完成任务的能力是指他们在执行任务的过程中缺少认知能力和解决问题的办法。具体表现在对执行策略的理解程度上存在偏差，不懂得合理规划时间，缺乏包容力、团队协作能力，无法融入集体中。执行是一个过程，在这一过程中，任何一个环节出现问题都会影响执行的效果，所以缺乏任何一项完成任务的能力也都会影响任务的执行和完成。

4. 缺乏执行任务的品质

卷起衣袖执行目标，是一件非常艰难的历程，要做的是在执行过程中，遇见一个困难解决一个困难，坚定决心，坚持不懈地做下去，最终达到目的。然而现实当中，大学生总是急于求成，碰见困难就闪、躲、回避。在具体执行计划时，迈出了艰难的第一步，然而遇到挫折，经过痛苦的挣扎和艰难的搏斗后容易退却，没有持之以恒、坚持不懈地执行计划。

众所周知，凡事不可能一帆风顺，在征途上总是充满着坎坷、荆棘，如果不能坚持，不是半途而废，就是虎头蛇尾。

（三）大学生执行能力不足的原因分析

1. 目标不清晰

目标是执行力的核心。然而大学生普遍缺乏明确的奋斗目标，在大学学习生涯中目标不清晰、学习动力不足。经过万人争过独木桥后，来到采取自主管理方式的大学校园中，学生们犹如刚被解了缰绳的牛犊，在校园与社会中徘徊。不少学生开始产生“喘口气”“歇一歇”的想法，想不起来要去设定新的人生坐标体系，对自己今后的发展茫然无知乃至惊慌失措，不知大学的生活何去何从，只好随波漂荡。于是往往就把时间浪费于看小说杂志、打牌、上网、游戏、发呆、过度的社会交往等行为之中，怀抱着得过且过，做一天和尚撞一天钟的心态面对学习与生活。殊不知志向、理想是何等的重要。《礼记》曰：“凡事预则立，不预则废。”志向就是人生路上的罗盘、指南针，牵引着每一个人达到理想的港湾，没有了目标和志向，执行也就自然无从谈起了。

2. 应试教育影响

在推行素质教育的今天，在中高考指挥棒的影响下，在分数决定命运的情况下，许多学校在强调“实施素质教育”的同时，更注重学生的考试成绩。因此各式各样的补课现象死灰复燃，应试教育有重新抬头之势。过分地注重考试成绩，忽视素质教育，导致学生执行力的培养被忽视。

3. 家庭影响

由于社会的进步、经济的发展、生活水平的提高，人们不可避免地溺爱自己的孩子。当代大学生多是“90 后”，并且多是独生子女，在家庭中备受宠溺，这样万众瞩目般的宠养，造成了部分学生自私、依赖、享受之类的“并发症”不断滋生蔓延。虽然他们大多数性格外向、活泼、求知欲望强，但自立意识和生活问题处理能力差，依赖性强，责任意识也就有所欠缺。在这样的情况下，必然影响到学生在学校执行力的培养。

4. 在挫折面前自信心不够坚定

大学生出现消沉、低落的情况，一方面是社会方面的因素，另一方面是缺乏坚定的自信心。当代大学生普遍缺乏自信心，缺乏执着追求所需要的深层心理动力，缺乏承受压力的心理素质，不能正确面对挫折和困难。美国发明家爱迪生曾经说过：“自信是成功的第一秘诀。”特别是进入 21 世纪，各行各业充满竞争，面临的挑战越来越多。在这样的时代背景下，自信是现代人必备的心理素质。从心理学上说，自信是一种积极的心理暗示，是一个人能够对自己有一个正确的评价和认识。它能使人更加了解自己、相信自己，对自己充满信心，按照自己选择的方向奋斗，朝着成功的目标前进，并不断地使人增强克服困难、战胜挫折的信心和力量，从而提高心理的承受能力。但很多大学生恰恰缺乏这方面的素质，自信心的缺失造成执行力的不足。

（四）大学生执行能力低下的心理分析

1. 认知层面的心理分析

在对自我的认知上，很多大学生都存在自我否定的心理、自卑心理、侥幸心理以及得过且过的心理。

（1）自我否定心理

很多学生在经历过因为执行上的拖延而造成的失败以后，慢慢就会有一种否定自己的感觉，在认知上对自己不接纳，于是开始逃避，把大量的时间和注意力都浪费在无关紧要的周边事物上，不去做重要的事情。越是如此，越会自我否定，最终陷到一个恶性循环之中。

（2）自卑心理

自卑心理和自我否定的心理相似，都是在经历过多次任务没有完成之后形成的负面认识心理。自卑心理一旦形成，有时候虽然喜欢但是又因为回避失败而恐惧开始，总是担心做不好会被嘲笑。没有开始，自然也就没有执行。

（3）侥幸心理

执行上的拖延会让人有一种侥幸心理，就是长期的这种心理造成拖延者一直拖延。他们认为也许晚开始会有一个更好的结果，即使没有好的结果也可以为自己找理由，是因为拖延而造成没做好，不是我不够聪明，也不是能力的问题。

（4）得过且过的心理

很多学生在失败之后都会自我反思，但实际情况却并没有多少改善。一个重要的原因是因为存在得过且过的心理，在经过一段时间之后，便会原谅自己所犯的错误，如此又导致了下一次失败，如此反复，得过且过。

2. 情绪层面的心理分析

在情绪层面，很多学生都存在焦虑心理、内疚心理以及自得心理。

（1）焦虑心理

在执行拖延的过程中，会出现焦虑不安的情绪。焦虑本身就是一种很痛苦的状态。拖延者潜意识里清楚地知道这件事情需要他去马上去执行，但是缺少勇气去立即完成，一直做无关紧要的事。这种焦虑的情绪会伴随整个拖延过程，而且随着最后期限的逼近而不断加重。

（2）内疚心理

很多学生在执行拖延之后会出现内疚的情绪。在无限制浪费时间之后，学生常常感觉是因为自己的原因才导致任务的延后，后悔之前没有好好利用时间去执行。在这里一般会出现两种情况：一是在出现内疚的情绪之后，一部分学生意识到问题的严重性，会立刻开始执行。另一部分学生则任由这种情绪发展，虽然也还会内疚，但最后也没有动手执行。

（3）自得心理

自得心理一般出现在工作或任务完成之后，通常是指那种在最后期限前冲刺完成任务的学生。他们感觉非常痛快，效率非常之高，虽然之前一直在玩，但对最后完成的结果比较满意。不仅多出来不少的闲暇时间，而且还得到自己理想的成绩，于是产生了自得心理。在这种反复的自得心理下，任务的执行一再被拖延到最后阶段，形成了习惯。

二、当代大学生执行能力培育现状

（一）大学生执行能力培育存在的问题

1. 存在认知上的不足

认知是行动的前提，如果认知不足，自然难以落实到具体的行动之中。在我国的教育体系中，随着人们对素质教育的逐渐重视，培育学生的素养和能力成了越来越多人的共识，不少学者以及教育工作者也针对学生能力的培养展开了探索和研究。但是，在众多需要培育的能力中，执行能力是一个常常被教师忽视的能力。因为在教育工作者们的普遍认知里，执行能力一直都是一个可有可无的存在，与学生成长没有什么关联。正是这种认识上的不足，导致高校的领导在制定教学战略的时候没有将学生执行能力的培育纳入其中。

而在教师的具体教学中，同样忽视了学生执行能力的渗透，从而导致大学生执行能力的培育与课堂无缘。

2. 缺乏有效的指导

在企业中，每一个人都知道执行能力的重要性，因为在很多事情的处理上，执行力是一个非常重要的影响因素。但对于大学生而言，虽然大学阶段的学习和小学、初中、高中存在很大的区别，但他们主要的任务仍旧是学习。学习成绩的好坏对于大学生而言并不是非常重要，很多学生的要求只是不挂科。在这种情况下，大学生没有很多需要认真执行的事情，所以对于自身执行能力的认识接近于零。而在平时的教学中，教师不会对大学生灌输有关执行力的理念，也不会将执行力和学生的个人发展联系起来，更不会对学生执行力的发展作出指导，从而导致大学生的执行力始终停留在一个较低的水平上。

3. 评价体系不完善

大学生的综合评价体系的本质应该是为学生综合素质发展提供正确方向性的指挥棒，指向哪里学生努力到哪里，在此过程中发现问题不断优化及时改进，形成一种良性循环，为大学生提供一种不断了解自我、发现问题、完善自我、提升自我的平台。然而，当前对大学生综合素质的测评往往基于管理的角度，以是否服从学校管理、是否有益于学校发展作为指标。管理无可厚非，但不应该仅仅停留在表面，更重要的是综合素质的培养。测评的结果是确定奖学金、优干优团、三好学生、优秀毕业生、入党积极分子等方面的重要参考。至于此项评价体系是否有助于学生综合素质的发展，诸如是否能够激发学生奋发向上的学习劲头、是否能够使其主动乐于助人、是否能够促进其身心更好的发展、是否有助于其创新能力的提高等方面都缺少考虑。另外，在评价的方法上，也多是以考试为主，以考试决定学生的学分，而对于学生的素养、品德、能力等内容均不做有效的考查。可以想象，在这种评价体系不完善的情况下，包括执行能力在内的各种能力的培育又怎么能够很好地去落实呢。

（二）大学生执行能力培育存在问题的原因分析

深入剖析大学生执行能力培育出现问题的原因，虽然学校的教育观念以及课程结构是主要的影响因素，但从学生层面去看，同样存在一些问题，影响着大学生执行能力的发展。

1. 学校层面

（1）教学理念滞后

教学理念是高校教师在长期教学理论学习与教学实践反思基础上创造生成的对教学活动价值及其本质规律的认识和判断。从本质上来说，教学理念体现了高校教师对“教学究竟是什么”以及“教学到底能够做什么”的理性思考，深刻反映了教师对教学的应然状态和理想状态的憧憬和向往，因而表现为一种指向教学实践活动未来的精神范式和理性品格。教学理念在高校教师的教学实践活动中发挥着方向性和主导性的价值作用，是更新教师教学行为的先导和灵魂。教学理念渗透和融入高校教师的教学过程之中，不仅影响着教师对教学内容的讲解、对教学方法的运用以及对教学进程的调控，而且也影响着高校教师的教学态度及其对教学认知、情感和行为的投入程度。但目前来看，高校很多教师的教学理念滞后，对于大学生执行能力培育的认知不足，从而导致了一系列问题的出现。

（2）课程结构设置不当

高等学校的课程结构是高等学校教学计划的主要组成

部分和核心部分，是教育思想和观念付诸实践的桥梁，是培养目标由理想变为现实的中介，是落实高等学校人才培养目标与人才规格的载体。然而，目前很多高校课程结构的设置不尽合理，比如理论课程与实践课程的比例不当。与国外的高等学校相比，我国高等学校课程结构中实践课程比例较低。同时，实践课程在地位上从属于理论课程，形式单一，综合程度不高，在组织上与理论课程存在明显的分离。就执行能力来讲，无论是学生执行能力存在的问题，还是学生执行能力的培育，都需要实践课程的辅助。而高校实践课程与理论课程设置不当的问题显然对其产生了不利的影响。

2. 学生自身层面

（1）自我效能感较弱

自我效能感能够影响学生的任务选择、努力程度以及坚持性。自我效能高的学生对自己的学习能力充满信心，常常选择适合自己能力水平并富有挑战性的任务，在遇到问题或困难时，愿意付出更大的努力，采取各种方法去战胜困难，不轻言放弃，执行力高。自我效能低的学生则对自己的学习能力信心不足，为确保成功，常常选一些过于简单的任务，每当学习中遇到困难时，就认为是自己能力不行，不加努力就轻易放弃。

（2）学习动机不足

学习的动机又分为外部动机和内部动机，外部动机是指由外在刺激所诱发出来的动机，如努力学习是为了取得奖励；内在动机是指学习本身所激发出来的动力，如对知识本身的热爱等。学习动机可以激发学生学习的欲望和热情，引导学生选择并坚定自己的学习目标。学习动机还具有维持和监督功能，良好的学习动机能够使学生更加自律，使学生不畏困难地执行学习任务。但是，很多学生的学习动机在进入大学之后逐渐消退了，学习的动机不足，执行起来也自然会不断拖延。

（3）时间管理能力较弱

充足的学习时间是学习执行力的保障，没有合理的时间安排与投入，再好的学习计划也只能是空谈。只有做到良好的时间管理，才能保证足够的时间投入；也只有具有充足的时间，才能较好地完成学习任务。在学习过程中，不好的学习习惯、拖延，以及其他原因的影响，都能造成学习时间的流失，从而间接地影响学习的执行力。

第三节　当代大学生执行能力培育的价值意义

培育大学生的执行能力有着非常重要的价值及意义，不仅对于学生的发展大有助益，对于学校以及社会的发展同样起着积极的促进作用。在此，笔者将分别从学生、学习、社会三个层面着手，针对大学生执行能力培育的意义作一个详尽的阐述。

一、学生层面

（一）有助于学生学习执行力的提高

根据在学习中的自主性，可以把学生学习执行力分为三个层次。

第一个层次：按照学校的规定，执行和完成学习任务的过程。在这个层次中，执行者在学习的过程中没有自主性和主动性，只是被动执行学校的规定。在大学生的学习中，随堂学习任务等作业的完成就属于这一层次。

第二个层次：按照预定的计划学习的过程，简单讲就是按计划学习。在这个学习的层次中，执行者具有部分的自动性和主动性，能够制订学习计划，并按照计划完成学习任务。有时，在这个学习过程中，执行者有计划并能按计划执行，但执行者的学习目标的来源可能不是执行者主动提出和思考的，可能是被动接受的。在大学生的学习过程中，一些长期的学习任务的实施就是这个层次，如期末复习考试等。

第三个层次：在学习过程中，将学习的想法变成现实的过程。在这个学习过程中，执行者具有自动性和主动性，能够根据自己的实际制订学习计划，并按照计划完成任务。在三个层次中，这个最有自动性和主动性。在大学生的学习过程中，按照自己的想法去学习就属于这个层次，如学生根据自己的情况制订学习计划，并按计划完成学习内容。

这三个层次的执行是阶梯式的，第一个层次是第二个层次的保障，第二个层次是第三个层次的保障，只有到了第三个层次的执行，执行者才具有自主学习的能力，也只有到了第三个层次，执行者才能很好地主动学习。对于大学生来说，学习仍旧是主要任务，而学习执行力是提高学生学习效率、促进学生自主学习的一个主要因素。所以大学生执行能力的培育对于提高学生学习执行力、促进学生良好学习习惯的形成具有非常积极的意义。

（二）有助于学生立足社会

经历大学四年的学习，大学生最终是要步入社会的，能否立足社会，需要由社会来检验，而至关重要的一个检验指标就是大学生的综合能力。现在用人单位已经不局限于只看文凭，不看能力。大多数用人单位都会采用笔试、面试的方式进行考核，笔试主要用来考量大学生的专业能力；面试则考量学生的综合素养。在正式入职之前，大多数用人单位也会采用一定的试用期来考量学生是否能适应和胜任工作。正式入职以后，用人单位会以不同的考核方式来不断要求、不断衡量个人能力。能力是否全面发展，不仅仅是当代大学生步入社会的一道关卡，更是其立足社会之根本。

现如今已步入知识经济的时代，这种经济是以知识为基础，以知识和信息的生产分配交换为模式的崭新经济方式。这就要求当代大学生不仅仅要学习知识，还要把知识转化为能力，以全方位发展为要求提升自己。知识跟能力是辩证统一的，很难说知识与能力的产生有谁先谁后之分。知识是能力产生的基础，而能力也是知识产生的前提，要获取知识，首先需要具备综合性的能力。随着知识的不断积累，能力也会逐步得到提升。一个人掌握的知识越多，其能力提升也就越快。同样，能力的提升反过来又促进知识的丰富。所以在当今知识经济的背景下，当代大学生只有全方位不断提升自己的能力，丰富自己的知识，才能立足社会。

总而言之，能力的全面发展，不仅是当代大学生个人发展的要求，也是社会对当代大学生所提出的客观要求；是知识时代的要求，也是社会竞争的要求。在市场经济的背景下，人力资源的配置方式在市场竞争中发挥着重要的作用。某种程度上，人才已成为一种资源、一种商品。要立足于社会，就必然存在竞争，而人才竞争的实质就是能力的竞争。对于当代大学生而言，在众多的能力中，执行能力是颇为欠缺的一种，也是高校对学生众多能力培育中最为忽视的一种。而缺乏执行能力，必然会影响学生的全面发展，降低学生在社会中的竞争力。因此，培育大学生的执行能力，是完善学生能力的有效途径，是促进学生全面发展的重要手段，能够帮助学生在未来的社会竞争中拥有立足之地，并在各类竞争中处于不败之地。

二、学校层面

（一）有助于高校的发展

建设世界一流大学和一流学科，是党中央、国务院针对近年来我国高等教育发展缓慢，国际教育发展迅速，我国高等教育与国际高等教育发展差距进一步拉大的现状作出的重大战略决策，对于提升我国教育发展水平、增强国家核心竞争力具有十分重要的意义。从我国国内状况来看，20 世纪 90 年代中期以来，我国先后实施了“211 工程”“985 工程”等一批重点建设项目。“211”和“985”工程起到了集中优势教学资源，重点突破的作用，在一定时期内带动了中国高等教育的发展。“双一流建设工程”是“211 工程”“985 工程”“2011 计划”的延续。目前我国的“双一流建设工程”取得了很大进展，推动了一大批学校进行高水平大学打造计划。从我国高校现状来看，很多学校不满足“双一流建设工程”的条件，不断提升学校实力，是每一所高校应该努力的方向。

在培育大学生执行能力的战略中，需要高校从战略、教学、教师等多个方面作出改革。比如从学生发展的战略层面来讲，“全面发展”是一个重要的战略目标，要让学生的潜能得到自由、充分、全面、和谐、持续发展。简言之，就是培养学生成为有道德、有知识、有能力，和谐发展的“全人”。然而，在大学生“全人”发展的战略思想中，执行能力并不被重视，甚至不包含在其中。从大学生执行能力培育的相关文献资料较少这一点上也可窥一二。如果细细探究，在众多的能力中，执行能力是很多能力发展的前提，比如学习能力、合作能力、创新能力等，这些能力的发展或者说这些能力的施展都是以执行力为前提的，如果学生在面对一件事情的时候不去执行，而是一拖再拖，那其他能力的作用也无从发挥。由此可见，培育大学生的执行能力是对高校教学战略的补充和完善，对于高校的发展意义匪浅。

（二）有助于教师的发展

教师专业的发展包括专业理念、专业技能、研究学习三个方面。所谓“专业理念”，指教师对教育工作和对教师职业的认识，以及教师在对自身发展方向及目标等方面的理想。“专业技能”，指教师专业知识和专业技能的综合表现。“研究学习”，指教师一方面应该具备终身学习的能力，另一方面对自身的专业知识、教学能力具有反思和研究的能力。教师专业发展是教师通过职前、职后主动或被动的培养和培训，成为一个具有坚定的职业信念、渊博的专业知识、娴熟的职业技能、高尚的道德情操以及不断研究学习能力的专业人员的成长过程。在知识不断更迭的今天，教师实现自我的发展应该成为一个终身的话题，因为时代发展的浪潮不会停止，教育前行的步伐也不会停止，如果教师止步不前，只会在时代的大浪中被淘汰。

其实，任何教学改革都是由教师来实施完成的，教师必须是课改的参与者和实践者，而不是被动的接受者。在教学改革中，教师有一个再创造的过程，这个过程应该是教师业务素质提升的过程，是提升教师素质的一个契机。以往教学改革的重心只关注学生发展，忽略教师的专业发展，教师只是课程被动的实践者。现在我们认识到，教学改革不是单一的教材变化，它带来的是教学的整体变革，其中最重要的是学生的成长和教师的发展。培育大学生的执行能力作为高校教学战略的一个改革，同样需要教学的改革来进行配合，而在教学的改革中，教师需要从思想，到理论，再到实践，进行探索和反思，这对于教师来说无疑是一个自我发展和提升的过程。

三、社会层面

（一）满足企业发展对人才的需求

企业的成功，三分靠战略模式，七分靠执行，可见执行力的重要性。事实的确如此，没有执行力的有效支撑，单纯讲战略模式只能是“纸上谈兵”，说起来好听，看起来好看，就是无法执行。战略的正确并不能保证企业的成功，成功的企业一定是在战略方向和执行力两个方面都做到位。因战略模式而失败的企业并不多，更多的是企业是在几乎相同的战略模式指引下拉开了距离。原因在哪里呢？就在于各个企业的战略执行力强弱不同，在模式相同或相似的情况下，执行力的作用就显得更为关键。优秀的执行能力不仅可以保证战略的推行实施，而且可以在执行过程中巩固、优化战略模式的方向细节，形成战略模式和执行之间的良性双向互动。

但归根到底，影响企业执行力的核心是员工，员工执行力的高低决定着企业能否在激烈的竞争环境中生存发展，决定着企业能否做大做强。企业内部的员工执行力不足，就会导致企业在生产和运营的过程中不能彻底地贯彻企业经营理念、完成分配的任务，各个部门之间在执行任务的过程中不能相互协调、积极合作，严重破坏了企业积极上进的工作氛围和员工的工作积极性，无法完成企业的经营目标，最终导致企业丧失了竞争力，被市场所淘汰。相反，如果员工执行力强，可以更好地贯彻企业的战略理念，实现企业的战略目标、经营目标，提高企业的效益，增强企业竞争力，推动企业又好又快发展。因此，现代企业对于人才执行能力的要求越来越高。对即将迈入社会的大学生而言，进入企业是多数大学生的选择，而具备执行能力的大学生无疑更加满足企业的需求，他们将成为企业发展的后备力量，并推动企业持续且健康的发展。

（二）满足社会发展对于人才的需求

相较于企业的发展而言，社会发展是一个更加宏观的概念，是指以个体为基础的社会关系出现从个体到社会总体的自由延伸，个体的自由延伸到社会整体关系面。包含个体的物质及精神自由发展到社会层面，并取得社会化的一致，这其中包含经济、文化、政治、习俗、体制等一系列的社会存在的总体发展。简而言之，企业的发展更多是体现在经济层面，而社会的发展是体现在经济、文化、制度等多个层面。无论是在经济的发展中，还是在文化、制度等各个层面的发展中，人无疑都是基础，也是核心。在今天，随着社会日益突飞猛进的发展，科技不断进步，知识不断更新，社会对于人才的需求也在不断增加，而大学生作为当今社会的重要资源，必将成为社会发展的生力军。

大学生是祖国的未来，他们代表的就是这个国家可持续发展的实力。从民族复兴的视角去看，当代大学生应该做到“家事国事天下事，事事关心”，应该正确判断世界发展趋势，深入了解中国国情，深切关心祖国的前途和命运，不负时代重托，肩负历史使命，把实现自己的人生价值同祖国的需要结合起来，充分发挥自己的聪明才智，把力量用在民族复兴的伟大事业上，建设祖国，报效祖国。从文化发展的视角去看，中华优秀传统文化作为中华民族的“根”和“魂”，是最深厚的文化软实力，是中国特色社会主义植根的沃土，是我们在世界文化激荡中站稳脚跟的根基，继承和发展中华民族优秀传统文化已然成了我国文化发展的一个核心。大学生作为新时代的力量，在中华民族优秀传统文化的继承和发扬上无疑发挥着重要的作用。总而言之，无论从哪个视角去看，无论学生站在哪个岗位上，要推动社会的发展，关键在于执行，只有不断地付诸实际行动，才能真正成为推动社会发展的动力，最终真正实现社会的总体发展。

第四节　当代大学生执行能力培育的具体策略

一、重视职业规划课程

很多大学生对于自己的职业发展不明确，缺乏明确的奋斗目标，在几年的学习生涯中浑浑噩噩度日，这是导致大学生执行能力不足的一个重要原因。所以，要培育大学生的执行力，就应该重视起大学生职业规划课程，帮助学生形成职业定向，在目标的牵引下，不断提高大学生的执行能力。

（一）职业规划课程存在的问题

1. 对职业规划课程不重视

目前，许多高校没有把职业规划课程放到应有的位置，对其重要性和必要性认识不到位。没有认识到职业生涯规划教育和辅导对大学生一生的职业发展所具有的重要意义，认为对大学生进行职业生涯规划教育是学生工作部门、就业部门、政工干部、辅导员的事情，在机构设置、经费投入、人员队伍建设以及硬件设施等方面也不能满足职业生涯规划教育需要。一些高校把职业生涯规划简单地等同于毕业时的就业指导，满足于顺应上级要求和追逐当前流行，只在文件或口头上表示对职业生涯规划的重视，却很少在实际上把资源倾斜到这一方面。

2. 职业规划课程与现实脱节

许多高校在职业生涯规划课程教学和就业指导中大多是针对大学生共同关心的话题和就业中可能出现的问题进行教学、指导，而这种教学、指导一般都是泛泛而谈，不具有针对性。部分高校针对不同类别、不同要求、不同条件的学生，特别是对急需帮助的弱势群体学生缺乏了解，分类指导欠缺。此外，职业生涯规划课理论性太强，与现实严重脱节，并不能完全解决学生在择业就业中所面临的问题。虽然不少授课教师发现一些学生“听了课很激动”，也有了目标，但是课后总不能一步步具体去做。有些高校的大学生职业生涯规划课程，主要采取就业指导的形式，且仅仅停留在课堂上或书本里，而不是根植于鲜活的大学生的日常生活之中，或者只是讲授空洞的概念、理论。

3. 职业生涯规划课程师资力量薄弱

大学生职业生涯规划课程是一门实践性和理论性很强的课程。作为这一课程的专业的教师，需要具有人力资源管理学、心理学、社会学、教育学等相关专业的知识，需要通过经常性的专业培训，需要通过职业指导师从业资格考试，还要求具备职业指导相应年限的工作经验。然而，目前许多高校就业指导中心和职业生涯规划的教研机构，还没有专门的职业规划师，教授这一门课的大多是学校就业指导服务机构的工作人员，学校党务、政务人员和学生辅导员。而这些授课或指导教师往往缺乏相应的专业知识和技能，他们大多数没有接受过专业教育和培训，只凭经验对学生进行有关学习、人生等方面的教育。由此可见，教师的专业化水平较低是制约大学生职业生涯规划课程实施的一个“瓶颈”。

（二）改进职业生涯规划课程途径

1. 明确大学生职业生涯规划课程建设的目标

大学生职业生涯规划课程现阶段作为公共必修课，既强调职业在人生发展中的重要地位，又关注学生的全面发展和终生发展。大学生职业生涯规划课程建设的实施，要进一步明确其在态度和知识层面的目标。首先，在态度层面，通过该课程的教学，应当使大学生树立起职业生涯发展的自主意识，树立积极正确的人生观、价值观和就业观念，把个人发展和国家需要、社会发展相结合，确立职业的概念和意识，愿意为个人的发展和社会发展主动付出积极的努力。其次，在知识层面，通过该课程的教学，应当让大学生详细了解大学生活的阶段性特点，较为清晰地认识自己的特性、职业的特性以及社会环境，掌握基本的劳动力市场信息以及相关的职业分类知识等，并能够据此逐步建立起适合自己未来发展的职业生涯规划。总之，大学生职业生涯规划课程建设的目标就是要通过大学生职业生涯规划的教育，使学生完成两个转变，即从中学学习到大学学习的转变、从学校到职场的转变，协助学生高效率地度过大学生活；协助学生明确人生的方向，成功选择合适的职业；协助学生追寻生命的真正意义和生活方向。

2. 完善大学生职业生涯规划课程的结构体系

大学生职业生涯规划课程设置的内容不仅应包括职业生涯规划理论大学科的课程，还应包括实践活动课程、模拟实战课程、文化素质课程等。课程内容应包括大学生就业形势和法律法规、择业观教育和素质培养、大学生素质测评与人职匹配理论、择业技巧和方法、职业发展与职业适应、心理健康教育指导及升学指导和创业指导等。面对当前严峻的就业形势，应切实改革教学内容、改进教学方法、改进教学手段，努力提高大学生职业生涯规划课程的针对性、时效性和吸引力。同时还应广开渠道，设置“职业能力拓展训练课”“职业测评和职业咨询”等课程，从而为大学生职业生涯规划提供立体式的服务。

3. 加强职业指导教师队伍建设

针对目前各高校的大学生职业生涯规划专职教师短缺且专业化水平低下的现状，各高校应该采取有力措施，遵循“请进来，送出去”的原则，加强职业生涯规划课程师资队伍的建设。第一，定期邀请职业生涯规划知名专家或高级职业指导师对全校所有教师进行相关理论知识和实践经验培训，加强理论知识的积累，提高职业生涯规划指导的实践能力，达到全员育人的目的。第二，选派具有职业生涯规划指导师潜质的教师参加更高层次的培训，鼓励这些教师报考职业指导师、人力资源规划师、心理测评师等资格证书或相关专业硕士学位。第三，重视辅导员、班主任队伍职业生涯规划知识的培训，使他们成为职业生涯规划方面的指导专家，通过他们和学生的接触，在课堂以及日常管理的潜移默化中，培养大学生职业生涯规划意识。

二、构建高校执行文化

高校的职能之一是文化的传承与创新。高校不仅是文化的传承者，还必须是文化的创造者，没有文化的创新，就不会有文化的大发展大繁荣，就不会有高等教育的快速健康发展，也就实现不了建设高水平大学的重大战略目标。以社会主义核心价值观为指导，构建积极向上的执行文化，能够在潜移默化中影响全校师生，在全校逐渐形成一种“人人重执行，处处抓落实”的良好风气。

（一）高校执行文化存在的问题

1. 执行意识不强

受思维定式的影响，很多人习惯于被指挥被支配，“要我执行”意识比较浓厚，缺乏“我要执行”的主动性和创造性。执行，首先是思想意识的高度认同。没有对执行的主观认可，就不会发挥主观能动性，不会主动去思考，不会主动深化对事物特征的认识，不会主动想办法克服存在的困难。意识引导行为，行为决定效果。要具备强大的执行力，必须具有强烈的执行意识。导致执行主体的执行意识不强的原因，首先是宣传教育力度不够。应该让执行者清晰明白执行的意义、目标、对学校发展的贡献以及要达到的效果，实现执行的思想认同。其次是示范效应不好。很多领导干部自身执行不到位，不能率先垂范，没起好带头作用。再次是责任不清，没有明确的责任，就难有执行的动力，就不会形成强烈执行意识。

2. 执行力度不大

由于种种原因，许多高校还没有认识到全面系统提升执行力的深刻意义，在执行方面存在种种消极现象，影响学校战略规划的实现，制约着学校的发展进步。一是消极执行，抱着比上不足，比下有余的态度，不能做到积极主动、按质按量按时、创造性地去执行。二是被动执行，执行意识缺乏，对本职工作不是主动找办法主动协调，而是满足于不被批评，完成任务，缺乏主动性。三是形式执行，雷声大、雨点小，讲求轰轰烈烈的声势，往往不见实效。四是选择性执行，奉行上有政策，下有对策，个人利益和小团体利益至上，有利则干，无利则避。五是变样执行，不是一以贯之地推动执行，而是允许打折扣，允许执行者作出选择，敷衍搪塞，导致执行变样。

3. 监督力度不够

对执行的有效监督，是促进执行的重要手段和措施。一些高校监督乏力，不能有效推进执行力的提高，主要表现在如下几点。一是监督主体不主动，部分监督部门人员组成不均、中坚力量不足，部分监督部门工作热情不高、意志不坚定、权责不清等，造成对制度规定执行的监督力度不够，不能对执行形成有效的督促与指导。二是监督客体不愿意，执行者不愿被监督，习惯于按照自己的思维模式，不受约束地行使职责，执行任务。三是监督手段不科学，对网络化、高科技化、高智能化技术的运用不够，不能适应新形势下权力运行的新特点、新方式。四是监督机制不健全，监督部门权威性和独立性不够，难以真正做到公正监督、公平执法，难以发挥监督在执行中的有效作用，不能有效促进执行。

（二）高校执行文化构建的途径

1. 重视基层执行者

基层执行者主要包括高校行政部门的基层工作人员以及全体师生，他们是学校各项制度决策的直接执行者，是高校执行文化建设的基础力量，是提升执行力建设中不可或缺的一部分。学校应当严格规范教师准入政策，加强价值观念教育和师资培训，为其提供更多的学习和提升机会；身为师者，教师也应当不断加强自身的文化道德素质，提高自身的科研水平，创新教育方法，严格执行学校的规章制度，坚持言必信、行必果，培养诚信严谨的学风，给学生树立榜样。作为学校教育主体之一的学生队伍，也是高校执行文化构建中不可忽视的一个重要组成部分。高校不仅给予学生丰富的专业知识，更培养了他们的综合能力，他们走入社会后的一言一行都将成为母校的名片，直接反映着母校的办学质量和执行文化水平。因此，学校应当高度重视学生综合能力的培养，为其提供良好的学习生活环境，制定相关制度规范他们的言行，严抓考风考纪，奖罚分明，培养良好学风。学生自身也要不断充实自己的知识文化水平，严格遵守校规校纪，特别是学生干部应当做好模范带头作用，促进同学之间的沟通，鼓励互帮互助，在提升专业素质的同时促进全面发展。

2. 完善科学有效的制度体系

制度体系是高校执行文化构建中的一个重要组成部分，是执行文化培育的前提和基础，是评定一切执行行为正确与否的标准。制度体系主要包括三个环节，即对制度的制定、执行以及阶段性评估。首先，制度的制定是基础，学校的制度既包括明文规定的各项校规校纪、行为准则等量化标准，也包括长久累积，约定俗成的道德规范、价值取向等抽象标准。无论何种，都是对学校内部全体成员的行为进行约束与评定的标尺，体现了整个学校与个体之间的联系与制约关系。制度的制定还要始终坚持以人为本的原则，将个人的发展和利益与学校目标相结合，增强他们的荣誉感和使命感，自愿与学校同呼吸，共命运。其次，制度的执行是核心。与制定制度具有相对柔性特征相比，执行制度具有较强的刚性特征。在制度的制定过程中，会根据实际情况加入一些感情因素，然而一旦制度成形，就必须义无反顾地坚定执行下去，否则就会动摇制度的威慑力，影响执行力。当所有执行行为都准确无误，所有制度都能落到实处，那么优秀的执行文化就会自然而然地培育出来，全体师生员工才能在和谐有序的校园环境中工作、学习和生活，创造出推动学校乃至社会发展的优秀成果。最后，阶段性评估是保证。对制度进行阶段性评估是不可或缺的一个环节，这里既包括对制度本身的合理性进行评估，也包括对制度的执行情况进行合理监督。

3. 注重奖罚分明的校本激励

校本激励是学校立足于自身实际，在认真研究学校师生员工组织行为规律的基础上，运用相关激励理论，最大限度地调动他们工作、学习的积极性，从而促进学校目标的实现以及每个人的发展。首先，是对教职员工的激励。在我国，教师一直被我们称为“人类灵魂的工程师”，基于他们特殊的职业和需求特点，应当给予与之相符的激励措施。例如对工作业绩突出、执行效果优秀的人员应当给予奖金或奖状等包括物质和精神在内的奖励措施，提升并激励他们的工作热情；而对那些工作懈怠、执行力不强的人员，要及时进行相应的惩罚，提升他们的责任意识。其次，是对学生的激励。学校作为精英教育的摇篮，不仅要教授学生专业知识，也要培养学生健全的人格。因此，学校应该通过课程设置促进学生德智体美劳的全面发展，以及良好心理素质的培养；通过优秀高校文化的熏陶教育，规范学生的行为、促进学生之间的交流、形成良好的校风；提供更多的社会实践活动机会，让学生走入社会、认识社会，从而不断完善自我，提升社会责任感。对于表现优异的学生，给予适当的奖励；对于表现较差的学生，给予警示，化压力为动力。

三、加强对大学生的指导

高等院校作为大学生的教育培养机构，应该做到以育人为本，以德育为先，围绕立德树人的根本要求，把社会主义核心价值观落实到教育教学和管理服务的各个环节，加强大学生对社会主义核心价值观的认知与认同。

（一）对大学生指导的必要性

1. 大学生执行能力不足

当代大学生执行能力不足是加强对学生指导的首要原因。如果对大学生执行的过程进行分解，便可以直观地看到大学生执行能力的不足。在任务执行前，有些学生对事情的认知及了解不到位，许多时候只是一知半解就行动，导致在执行的时候困难重重，形成了畏难心理，执行逐渐演变成了拖延。在任务执行过程中，由于任务困难、积极性下降等原因，执行任务逐渐变得敷衍了事，对于不是自己负责的任务部分不理不睬。即便发现了问题，也常常是直接忽视。另外，有些学生虽然能够在态度上积极对待，但由于执行能力不足，导致执行过程中力度越来越小，对细节留意不足，标准逐渐降低，甚至走样，最终草草了事。在任务执行后，不能及时反馈遇到的问题，从而在一次次问题的积累中导致执行能力的进一步退化。

2. 大学生自我认知不足

大学生的校园生活是非常丰富、令人向往的，然而大学生在进入大学之前，一直处于高中阶段较为严格的管理、较为单纯和简单的校园环境中，而在进入大学以后，他们的生活和学习方式都发生了转变，所处的环境，和同学、老师之间交往的方式也都发生了转变。大多数人对自我的认识也在不断转变，大学生们受到这诸多转变的影响，一时之间难以适应。这是一个过程，在这些各个方面的变化过程中，他们现在对自己的认识与已有的认识之间会出现一些矛盾，导致对自我的认知出现明显不足。比如他们真实的自己与想象中的自己还有很大的距离，这就出现了他们在自我认知过程中会出现理想中自己与现实中的自己存在着矛盾和差距，进而导致他们对自己的某些方面有了错误的认识。

3. 教育本身的功能作用

教育是一种有目的、有组织、有计划、系统地传授知识和技术规范等的社会活动。教育的根本价值，就是给国家提供具有崇高信仰、道德高尚、诚实守法、技艺精湛、博学多才、多专多能的人才，培养经济与社会发展需要的劳动力，培养合格公民，为国家、为社会创造科学知识和物质财富，推动经济增长，推动民族兴旺，推动世界和平和人类发展。教育在社会中起着相当重要作用，而教育又分为家庭教育、学校教育，等等。这些教育加在一起对学生的指导作用相当重要。父母的知识有限，不可能在各个方面都给予学生很好的教育与引导，必须要有更专业、更多的人来共同教育孩子，尤其对于大学生来说，学校是最好的选择。而作为学校教育中的践行者，教师无疑肩负着引导学生的重任，所以无论是在学生知识的学习中，还是学生能力的培育中，教师本身就是一个引导者。

（二）加强大学生指导的途径

1. 开设相应的选修课程

选修课的发展和大量增设是拓宽专业培养目标和提高专业人才培养规格的必然趋势，是专业求生存、求发展，深化高校教育改革，增强竞争能力的有效途径。目前来看，各高校本着“厚基础、宽口径、重能力、高素质”的教育改革方向，加大了选修课的比例，这已经成为各高校教学改革的一个明显标志。因此，在指导学生执行能力培养上，学校可以开设相应的选修课程。因为无论是在小、初、高的教学中，还是在中国的主流文化中，执行力很少被提及，这就导致很多大学生对于执行力认识不足，甚至不能准确认识到自己存在执行力不足的问题。通过相应课程的开设，不仅可以让学生从理论层面对执行能力有一个全面的认识，更可以在课程的实际训练中锻炼学生的执行能力，从而使学生的执行能力在教师的指导下不断得到发展和提升。

2. 加强校企合作

教育的展开不能只停留在理论层面，要增加实训教学比例，建立健全学生到企业实习、实训，教师到企业实践相关制度，合作、共建、共享教学实训基地。执行能力重在“执行”二字，而执行需要实际的操作，所以对学生的执行能力培养的指导不能仅停留在理论层面，应加强校企合作，让大学生积极践行社会主义核心价值观，不能让社会主义核心价值观教育流于形式。让学生在企业实习中进一步了解执行力的重要性，并深入感受企业的执行文化。在校企合作中，在岗辅导是大学生执行能力培养的重要契机，教师要把握好这一契机，以循循善诱的方式，将执行能力的相关理念植入辅导过程中，让学生在具体的职业场景中直观地体会“执行”的价值观念，从而真正把“执行”的价值观入脑、入心，解决理论说教过于僵化的问题。

第四章　当代大学生创新能力分析与培育策略

第一节　创新能力的概念、内涵与特征

一、创新能力的概念

（一）创新的概念

创新是以新思维、新发明和新描述为特征的一种实践过程。“创新”一词起源于拉丁语，其原意有三层含义：（1）更新；（2）创造新的东西；（3）改变。创新是人类特有的认识能力和实践能力，作为人类主观能动性的高级表现形式，创新是人才特别是创造性人才的最重要素质。创新在经济、商业、工程技术领域，乃至社会管理及理论思维领域都具有重要意义。在汉语中，“创新”一词最早见于《南史·后妃传上》，其中说道：“据《春秋》，仲子非鲁惠公元嫡，尚得考别宫。今贵妃盖天秩之崇班，理应创新。”其意为“创立或创造新的”。近代将“创”和“新”合在一起，形成了“创新”一词。

此词属于外来词范畴，根据韦伯斯特词典的定义，“创新”一词的含义包括两个方面，即引进新概念和革新。最早系统地论及创新的是美籍奥地利经济学家熊彼特（Joseph A. Schumpeter），他在1912年出版的作品《经济发展理论》一书中，首次使用了创新（innovation）这个词。他同时指出：“创新就是建立一种新的生产函数，在经济活动中引入新的思想、方法以实现生产要素新的组合。”这个观点

是熊彼特在对时差信息论、边际效用价值论、局部均衡论以及一般均衡论等理论进行广泛吸收的基础上提出的。熊彼特的创新理论是从动态和发展的视角对创新进行考查的，其应用域上更偏向于经济领域，主要包括五个“新”，即引入新的技术、使用新的生产方法、开辟新的销售市场、控制原材料或半成品的新的供应来源以及实现企业的组织创新。在后续的发展中，熊彼特的创新理论又经过了弗里曼（Christopher Freeman）和德鲁克（Peter F. Drucker）等学者的不断发展、更新和完善。这个过程也让大家对创新的认识和理解不断加深，逐渐认识到创新的广泛性意义，也开始将创新引入越来越多的领域，于是就有了知识创新、管理创新、制度创新、技术创新、教育创新，等等。在创新与不同领域融合的过程中，又逐渐形成了一系列新的创新定义，但其中的核心思想变化不大。例如，管理学家德鲁克在将创新引入管理学领域时，提出了一个创新的定义，即创新就是赋予资源以新的创造财富的能力，其主要包括两个种类：一种是技术创新，即为资源找到新的应用；一种是社会创新，即创造一种新的管理机构、管理方式或管理手段等。[①]

创新是一个语义非常丰富的概念，长期以来学术界从不同的角度对创新进行了定义，比较有代表性的有：（1）创新是一种开发新事物的过程；（2）创新是综合运用知识和相关信息创造或引入新的事物的过程；（3）创新是对一个组织或相关环境的新变化的接受；（4）创新是指新事物本身；（5）创新是新的思想行动，是思想的历险。而站在大学生

①杨曼英．创新教育导论 [M]. 长沙：湖南师范大学出版社 ,2009:2–3.

创新能力培养的角度看，笔者认为创新是创新主体（学生）为了一定目的，遵循事物发展的规律，在前人或他人创造成果的基础上，对原有事物作出新的突破和发展，包括对事物的整体或其中的某些部分进行变革，从而使其得以更新与发展的活动。创新应该是一个不断学习的过程，一个不断实践的过程，一个不断超越的过程。

（二）创新能力的概念

“创新能力”是与“创新”紧密相关的一个概念。创新能力概括地说，就是指提出设想、解决问题的能力，是运用一切已知信息，对事物（包括自然界、社会及人本身等）的现象和本质进行分析、综合、推理、想象，进而产生出某种新颖、独特、有社会或个人价值的新产品、新工艺、新成果的能力。主体的创新能力应主要包括创新精神和创新方法两个层面的含义。前者指创新能力中的非智力因素，由思想政治素质（世界观、人生观、价值观等）、道德素质（个人美德、社会美德、理想道德等）和个性心理因素（求知欲、创新意识、勇敢精神、顽强精神、科学态度等）构成的精神能力。后者则指创新能力中的智力因素，是由注意力、理解力、记忆力、观察力、想象力和思维能力等共同构成的认知能力，其中思维能力是智力的核心，包括逻辑思维能力、形象思维能力和创造（灵感、直觉和顿悟）思维能力。

创新能力主要体现在创新思维能力、创新学习能力和发明创造能力。创新思维能力就是创新思维不受常规思路的约束，寻求对问题全新的独特性的解决方法的思维过程。爱因斯坦说：“人是靠大脑解决一切问题的。”说明了思维对解决问题的极端重要性。创新思维能力对于个体的创新能力的形成和发展具有十分重要的地位和作用，甚至直接决定着个体创新能力的大小和强弱。创新学习能力主要表现为个体自觉、能动、有目的、有创造性地从事各种学习活动。学习活动是创新能力形成和发展的基础，创新能力正是在创新思维的主导下，通过系统而有目的地学习各种与创新有关的知识、理论、方法，进行各种创新训练活动而不断形成和稳定的。发明创造能力是立足已有事物，对其进行重新组合，进而产生出新颖、独特、有价值的产品的能力，是一种产生新思路、新事物的综合能力。这是创新能力最直接的体现，无论是创新思维还是创新学习，都需要通过相应的发明创造活动表现出来，社会也正是通过个体的发明创造能力及其发明创造的成果（主要体现为新产品、新知识、新理论、新技术等）获得对个体创新能力的认识和体验，并对个体创新能力大小和强弱作出相应的评价。

（三）创新与创新能力的关系

创新与创新能力的关系表现在以下两个方面。

（1）创新能力是创新、创造活动中最积极和最活跃的因素，它贯穿于创造性活动的始终。创新能力是推动创新活动的动力，又是开展创新活动的基础。没有创新能力的参与，创新活动就没有生机和活力。

（2）创新成果是创新能力作用的结果。没有创新能力的作用，就不会有新事物的诞生，创新能力通过创新活动和创新成果而显示出来。在创新活动中，创新能力能得到激发和加强，并以创造成果为归宿。因此，创新能力与创新、创新活动有着不可分割的关系，创新能力对创造性成果的生产具有重要作用。一个人的创造力强，创新能级高，创新性发挥得好，则生产的创新性成果多，生产速度快，创新效率高，创新价值大，带来的影响也越深远。

二、创新能力的内涵

（一）知识

知识是能力发展的基础，更是创新能力发展的保障，具体到大学生的创新能力上，可以从知识的量和知识的质两个方面展开探讨。

1. 知识的量

创新知识的第一个衡量维度是知识的数量。知识的数量与创新能力有着密切的内在关联，但两者之间的关系并非简单的线性关系，即一个人创新能力的高低并不完全取决于他掌握知识的多少，但与其知识量又存在一定的关系。要解释清楚这种关系，需要从两个方面加以阐述：

第一，知识的数量与个体创新能力的高低既不是正比例关系也不是反比例关系。在创新的历程中，有许多知识渊博但在创新素质上表现却并不好的例证。例如，天文学家第谷穷尽一生都在进行资料收集和知识积累，但却并没有创造历史，成为一名划时代的天文学家，而是将这个机会拱手让给了他的年轻的学生开普勒，让开普勒站在自己的资料上成功地提出了行星的三大定律。另外，也存在一些知识量较少却成功创新的案例。例如，在莱特兄弟发明飞机之前，曾经有很多科学家否定了飞机的可能性，但知识量相对偏少的莱特兄弟却成功地发明了飞机。但是这也不是说，知识量少的人的创新能力反而会高。知识的多与少在对创新能力高低的影响上，主要取决于知识主体怎样去利用他的知识。一般来讲，宽广的知识面容易让他产生灵感，而精深的知识容易让其实施并最终完成他的研究，这两点总体来说都是有利于个体创新能力提高的。问题就常常出在，有时候知识量多也会造成知识主体头脑中固有框架和人为限制的增多，人为地为自己的创新活动进行范围的划界，当这一点凸显的时候，知识量少却成了优势。

第二，虽然知识量的多少与创新能力的高低不存在正比例或反比例的关系，但知识量的多少却往往决定创新的层次和水平。让一个知识量很少的人去完成一项系统的创新工程无疑是非常困难的，即知识少的人一般不能进行高层次、高水平、高科技的创造活动。这并不意味着知识少的人就不能进行任何创造活动。当然，无论是第一个层面还是第二个层面，知识量与个体创新能力高低之间的关系都是从群体性意义来讲的，单个个体具有偶然性的可能。

2. 知识的质

个体对知识的掌握不仅体现在数量上，还表现在其质量上。对于研究知识在创新能力中的作用来讲，知识的质量是一个具有多层含义的概念，其一方面是指所掌握的知识的质量，即掌握的是优秀知识还是一般知识；另一方面是掌握程度的质量，即是牢固的掌握，深刻的理解，还是浅尝辄止式的了解。如果，从质量上去区分知识孰优孰劣，大家可能毫不犹豫地认为优质的知识比一般的知识好，掌握得深刻比肤浅的好。但是这种说法其实没有考虑到大学生学习能力的层次性和有限性。

第一，基于知识内容层次的知识质量分析。从对大学生创新能力提升价值性来讲，学习和掌握优秀的知识肯定要好于掌握一般的知识，但这其中还有一个最近匹配的问题。比如，优秀知识的获取难度往往更高，如果学生的学习能力和理解能力与知识的层次不匹配，其学习就容易停留在机械学习和僵化理解的阶段，与其这样不如让其从一般知识学起，循序渐进。

第二，基于知识掌握层次的知识质量分析。个体在已经获得的知识上也存在着认识程度不同的问题，其重要的创新活动往往都来自其认识比较深刻和掌握比较好的知识，但这并不是说认识比较浅的知识对于其创新能力发展没有价值。处于浅层了解层次的知识也可以起到扩充个体认识范围、激发创新灵感的作用。同时，认识深刻的知识也往往是从认识较浅的知识递进而来的。

（二）能力

1. 学习能力

学习能力是立足学习方法与技巧的基础之上，对新的知识主动获取的能力。学习能力是一个人所有能力的基础，伴随着科学的发展，这种趋势将更加明显。一个接受过高等教育的人，其重要的标志除了知识积累量的显著增加，更重要的应该是学习能力的显著提高。之所以强调学习能力，是因为学习能力在个体创新能力发展中所具有的重要作用，具体表现如下。

（1）不断掌握新知识的需要

知识在大学生创新能力提升和运用的过程中起着重要作用，但这些知识一定是有效的知识。知识的快速更新让知识呈现出显著的更迭性。现代科技飞跃发展，知识更新速度很快，一个人一段时间游离于这个学科的学习之外，可能就会被这一学科甩在后面，甚至被淘汰。在这种情况下，发挥个人的学习能力，不断更新自己的知识成了个体创新能力维持和发展的重要原动力。

（2）学生时期是学生学习能力培养的最佳时期

学习能力必须要在学校奠基，这是因为学生时期是知识量的积累和质的优化的最关键阶段。小学阶段是基于兴趣激发的继承性学习；中学阶段是基于通识的继承性加创新性的学习；大学及研究生阶段是基于面向未来社会实践的创新性学习。同时，强调学习能力的培养，还基于以下两个原因：一是知识无限性与在校学习时间有限性的矛盾；二是高等教育改革的趋势是逐渐减少统一的灌输性教育，更多强调学生的个性化学习。

2. 想象能力

想象能力是人脑对已有表象进行加工改造而创造新形象的能力，是形象化的、富于创造性的思维能力。在对外在的客观现实进行反映的过程中，人不仅能感知其眼睛看到的或者已经经历过的内容，往往还需要也常常会对研究对象由此及彼，由表及里，进行纵向和横向的各种联想，会联想到一些自己原本没有接触过的概念和情形。这种立足自身在头脑中勾画未知事物的能力实质上就是想象能力的反映。想象能力在创造性生活中具有加速器的作用。爱因斯坦对于想象能力很是推崇，他曾说过："想象力比知识更重要，因为知识是有限的，而想象力概括着世界的一切，推动着进步，并且是知识的源泉。"[①]

在大学生创新能力中，想象能力有两个维度：（1）对未知的情况建立想象、猜想或假说；（2）敢于对未知的事情进行想象。第一个维度"能去想象"被强调的更多，不过第二个维度"敢于去想象"也非常重要。同时，按其实施的程序不同，想象能力可以分为审美想象能力和科学想象能力。所谓审美想象能力主要是指在艺术欣赏、创作方面的心理效能；科学想象能力则是通过假设、推理或演绎等方式反

①曾春水．大学生创业教程 [M]. 南昌：江西人民出版社 ,2007:83.

映客观事实的一种方式。

从本质上讲，想象是对现实的一种超越，但又不是对现实的否定，更不是对科学的否定，每一次成功的想象无不是在科学规律的指引下的思维合理发散的结果。19 世纪法国著名科幻作家凡尔纳曾经写过数量非常多的各种题材和内容的科幻小说，到今天，其科幻小说中 70% 的内容变成了现实，这也说明了其创作更多还是在科学指引下的合理想象。同时，即使是天马行空的想象也往往是人类内心的深刻表达。《西游记》中的顺风耳、千里眼与现代文明下的雷达和望远镜以及人造地球卫星，嫦娥奔月的传说与中国人嫦娥系列飞船的登月之旅都诠释了想象能力的重要价值。

3. 发现能力

无论是科学上的发现还是技术上的发明最初往往是源于一个现象或一个问题被留意，而发现能力往往就扮演了让创新者学会留心的重要角色。所以，发现能力就是通过细致的观察和思考，找出事物及事物之间存在的现象或联系的能力。发现能力在创新上有很多表现，概括下来大致可分为三种：发现问题的能力、发现异同的能力、发现可能的能力。

（1）发现问题的能力

发现问题是创新的开始，在科学史上，很多成功的创新背后往往都是以一个问题被发现作为起点的。问题常常藏身于科学、技术以及工程的很多方面和层面，需要我们具有一双发现的眼睛。

（2）发现异同的能力

发现异同的能力是指创造者在相同的事物中善于发现其不同所在，而在不同的事物中又善于发现其相同之处的能力。创新的机会常常来自事物之间相互的比较与借鉴，比如交叉学科中仿生工程学的大部分创新类型都是来自对某种生物学特征或系统的模仿。

（3）发现可能的能力

因为客观事物之间普遍联系性的存在，每一个客观事物的发展往往取决于多个因素，其发展往往存在多种可能。在创新实践中，发现可能的能力是非常重要的，因为创新的过程中常常首先是发现一个可能，即使是一个实际的问题也常常是先预设一个假定，再进行有目标的推理。

（三）品质

1. 自信心

自信心是一种反映个体对自己是否有能力成功完成某项活动的信任程度的心理特性，是一种积极、有效地表达自我价值、自我尊重、自我理解的意识特征和心理状态。自信心在大学生创新能力中的作用主要体现为以下三点。

（1）正确评价个人创新能力的功能

在心理学中，与自信心最接近的是美国社会学家、心理学家阿尔伯特·班杜拉在其著名的“社会学习理论”中提出的自我效能感这一概念。从这个角度看，自信作为对自身能够成功应付特定情境或处置特定问题的自我估价，其关心的不是其已经具有什么能力，而是使用其已经拥有的能力能够做些什么。

（2）促使大学生产生创新行为

客观来说，创新是困难的。当面对一项不创新虽无亮点但可完成、创新成功可事半功倍、创新失败则可能导致满盘皆输的工作时，是选择不创新还是创新就成为一个两难问题。很多具体的创新问题难以真正被实施，大多是因为自信心不够，过多地考虑了一旦失败需要为之付出的代价，而忽略了创新成功可以带来的收获。

（3）帮助学生克服自卑感

缺乏自信的人往往就会表现出很强的自卑感。自卑会让他们裹足不前，不敢去尝试，最终浪费自己的创新潜能和其他素质。当学生陷入自卑的时候，他们往往不敢提出问题，及时发现了问题也常常因为不够自信而不敢表达自己的思想，结果坐失创新良机。

2. 质疑的精神

质疑是利用自己掌握的依据，提出疑问，寻求解答的过程。质疑精神是质疑品质在个体身上的具体体现。具体到大学生身上，质疑精神是一种探究精神、一种不满足于现状的精神和一种敢于向权威挑战的精神。质疑精神在大学生创新能力发展中的作用主要体现在两个方面。

（1）勇于探索

创新常常始于问题，而问题又常常来自质疑。无论是一种理论、一项技术、一项工程、一套设备，还是一件工具，其从不完美到完美都是在不断地被发现问题，进行修正和完善中螺旋式上升和发展的，而在此过程中对原有状况的质疑起到了发现创新机会的重要作用。

（2）勇于面对

历史经验还证明，如果缺乏质疑精神，即使创新机会来敲门也可能被拒之门外。例如，天文学家勒莫尼亚先后曾经 12 次观察到天王星，却没有成为天王星的发现者。有时候，有的人明明已经观察到了与既往经验不符的异常现象，已经摸到了创新机会的门槛，但因为缺乏质疑的品质，结果仍然是“削足适履”去让自己回归传统，最终让创新机会白白溜走。

3. 探索的勇气

探索的勇气是指人们敢为人先的精神或气质。创新是在做前人没有做过的事情，可能会受到别人的冷嘲热讽，尤其是当你的创新面临困境的时候。探索的勇气的内涵包括创新的目的性、自觉性、坚持性和计划性，其在大学生创新能力发展中所发挥的作用主要有三点。

（1）探索未知创新机会的动力

随着创新的推进，创新机会的获得变得越来越困难，往往需要开创新研究领域、研究视角或研究方法。而这对于创新来讲，常常意味着更高的风险和更大的困难。在这种情况下能够脱颖而出，敢于创新的人一定是一位勇者，其必须具有勇于探索的品质。

（2）完成创新行为的精神保障

创新的过程常常是艰辛而漫长的，能否坚持到底是创新能否取得成功的根本保障。历史上，有许多经历艰辛创新过程而终获成功的案例，而这其中探索的勇气是其重要的精神保障。史蒂芬孙在人们冷嘲热讽下发明了火车、诺贝尔冒着生命危险去实验炸药、杨振宁和李政道质疑权威而发现“弱相互作用下的宇称不守恒”问题……这些都是生动的例证。

（3）维持一贯创新品质的动力

创新的品质不应该是一时的冲动，也不应该仅为了满足一时的需要，而是应该具有旺盛的生命力，进而成为一个人稳定的素质构成要素。不过，有部分人在有了一些科学成就，已经拥有较好的研究基础和研究条件，本应该更容易开展创新活动的情况下，却因为出于对既得利益的担忧而更加容易趋于保守。这种现象也进一步印证了探索的勇气在维持个体一贯创新品质中的重要价值。

三、创新能力的特征

（一）自主性

创新能力的自主性又称自主创新能力。创新能力作为主体本质力量发展的最高表现，也是主体主观能动性发展的最高表现，其最大特征就在于其自主性上。所谓创新能力的自主性或主体创新能力，即指创新主体在既定的创新目标下，充分发挥自身的主观能动性，综合运用自身创新知识、创新能力，从事各种创新活动，努力实现创新目标的能动活动。创新能力的自主性，一方面表现为任何创新活动都离不开创新主体有目的、有意识、自觉、能动地活动，是创新主体的自主行为；另一方面则表现为创新能力的强弱、是否进行创新活动、创新目标大小的设定、创新方法、路径的选择等，与主体自身素质、知识水平、智力水平等息息相关，都是主体从自身情况出发，进行自主选择的结果，因人而异、因事而异，体现出明显的自主性。

主体性特征给创新能力打上了强烈的个性化色彩，不同的个体、不同的群体所表现出来的创新能力各有不同，所追求的创新目标也不尽相同。正因为创新能力的这种主体性、个性化特点，使社会在具有创新能力的不同个体追求不同创新目标的过程中，表现出丰富多彩的特点，并形成创新合力，推动社会向前发展。正如爱因斯坦所说的："只有个人才能思考，从而能为社会创造新的价值，要是没有独立思考和独立判断的有创造能力的个人，社会的向上发展就不可想象，正像要是没有供给养料的社会土壤，人的个性的发展也是不可想象的一样。"

（二）首创性

提供新颖、独创的产品是创新能力外化的主要体现。无论什么形式的创新能力的成果，在本质上都必须具有新颖、独特的特点。是否能提供具有独创性的产品更成为检验是否属于创新劳动的一个重要标志。同时应该予以注意的是，首创性主要是相对于个体而言的，一个人如果提出了前所未有的独特的新工艺、新技术、新观念、新理论、新方法，是属于创新能力的表现。一个初入学的儿童，如果经过自己的独立思考、大胆想象而产生了一种与他同层次的人不曾想到的解题方法，那么，相对于个体而言，这种方法同样具有新颖独特的本质特征，同样是个体创新能力的表现。

就首创性的特点而言，主要包括两个方面含义：一方面是时间上具有首创性。即作为创新能力主要载体的，体现创新思维和主要成果的，新颖、独创的产品，在产生或提出的时间上具有优先性。是否比他人更先一步实现创新目标，也是体现创新主体创新能力高低的一个重要指标。另一方面是形式或内容上具有首创性。即作为创新能力主要载体的，体现创新思维和主要成果的，新颖、独创的产品，要么是创新主体基于设定的创新目标进行的独立创造，在形式和内容上都不同于现有事物而产生的新事物；要么是创新主体立足于现有事物，对现有事物的形式和内容进行一定的改造、综合、整理而产生的另一种具有新的内容和形式的事物。上述两种创新活动，都属于主体创新能力的外化表现，都具有鲜明的首创性特征。

（三）超越性

创新能力的超越性是指创新主体通过一系列创新活动，不断突破原有思维定式，而产生新的飞跃的特性。任何创新都意味着旧事物的消失、重组，以及新事物的产生、发展，即新事物对旧事物的超越和取代。没有对原有事物的超越，任何创新都无法实现。在创新活动中起决定作用的创新能力因素，也必然因此产生超越的特性。

创新能力的超越性表现在两个方面：一方面，对已有认识成果进行一定的重新排列组成，进而形成新的认识成果的超越性。比如，“阿波罗”登月计划的成功是人类航天史上的壮举，展示出人类创新能力方面非凡的超越性。但“阿波罗”登月工程所用的数万个零件没有一个零件是新发明的，都是对原有知识成果的综合或重新组合的结果。可见，对已有知识成果的综合或重新组合引导着思维能力的超越。另一方面，对思维定式的突破也将引导着创新能力的超越性。牛顿创立的牛顿力学是牛顿的创新能力超越性的主要表现。牛顿力学是对静力学的超越而发展为动力学的。牛顿力学统治了科学界200多年时间，以至人们把牛顿力学绝对化，以牛顿力学为依据解释和说明一切科学。爱因斯坦创立相对论力学和量子论力学，改变了把牛顿力学教条化的思维定式，以创立的“直觉—演绎”思维方法开发的“直觉—演绎”思维能力，就是爱因斯坦创新能力对牛顿创新能力的新飞跃，就是创新能力的超越性。可见，创新主体在创新实践中突破思维定式必然引导创新能力的超越性。①

（四）层次性

创新能力作为主体能力的重要体现，受主体自身知识结构、能力结构、智能结构、个性品质的影响而表现出高

①朱云生．论主体创新能力的特点及其影响因素 [J]. 科教文汇（下半月）,2006(11):204-205.

低强弱，不同主体所具有的创新能力必然有所不同，表现出鲜明的层次性。

创新能力的层次性主要有两个方面的表现：一方面，是指创新能力并不是伟人所独有的。就人类整体而言，它是一个水平由低而高的连续体。也就是说，每一个社会成员都有创新能力，时时在以不同程度的创新能力影响着社会的发展。但不同年龄、不同文化程度、不同经验的人所表现出来的创新能力必然具有水平高低等方面的差异，这种差异构成了创新能力在程度、水平等方面的层次性。另一方面，是指就创新能力的本身结构而言，其是由多种心理因素协同作用构成的一种多层次的复杂结构。它主要包括知识结构、智能结构和个性结构。知识是构成创新能力的基本要素，主要指为创新所进行的知识积累和储备，其在创新能力结构中居于基础地位，决定着创新能力的发展程度。智能结构主要指实现创新所必须具备的认知能力，主要是由观察力、记忆力、想象力、创造性思维及直觉思维等构成，在创新能力结构中居于核心地位，其状况直接决定了创新能力的大小和强弱。个性结构主要指创新能力中的非智力因素，指个体为进行创新活动所必须具备的个性心理特征，主要包括情感、意志、个性心理品质等，是创新能力智能结构的补充，表现为对智力活动的支持、定向和强化，对创新活动是否获得成功也起着至关重要的作用。总之，创新能力是一种多层次、多结构的综合能力，表现出结构上的多层次性。

第二节 当代大学生创新能力培育的现状、问题及原因

一、当代大学生创新能力培育的现状

（一）当代大学生创新能力现状

1. 具有创新意识，但不善于利用和创造条件

创新能力的发展与创新行为的展示，都是建立在创新观念和创新欲望的基础之上。大学生普遍具有创新动机，对创新有一定程度的认识，希望在学习中产生新思想与新理论，积极寻找新的学习方法。但由于学校创造性学习条件的局限及学生自身不善于创设和利用学校的现有条件，缺乏向知识和经验丰富的教师或同学请教的勇气，往往不能把握本学科最新发展的动态和相关学科知识的横向关系，由此限制了学生创新能力的进一步发展。

2. 思维敏捷，但缺乏创新性思维的方式

随着知识和经验的积累，大学生的想象力逐渐丰富，思维能力，尤其是逻辑推理思维能力有了很大程度的发展，思维相当敏捷。然而由于他们的知识面宽度不够，知识的吸收是独立的、互不相关的，出现“见树不见森林”的现象。机械地、片面地看待各科知识的结构，缺乏必要的合理整合，致使他们的思维方式往往是直线式，思考问题缺乏灵活性、全面性和深层次，处理问题的方式方法千篇一律，没有太多的新意和突破，最明显表现在发言、作业、试卷、论文中缺乏新意。

3. 有创新的灵感，但缺少必备的创新技能

大学生经过不断的脑力劳动，大脑皮层下产生某些暂时性的神经联系，在特定因素的诱发和引领下，神经联系会彼

此刺激，产生灵感。然而灵感往往是短暂的，昙花一现，此时若有较强的创新技能，会使灵感成为现实。创新技能是指创新主体的行为技巧的运作能力，包括新信息加工能力、动手操作能力、掌握和运用创新技法能力、创新成果表达能力及物化能力。我国学生长期受应试教育的影响，其应试能力较国外学生具有很大的优势，但在动手能力与运用创新技法的能力方面却存在很多的问题。

4. 有创新的兴趣与热情，但缺乏毅力

创新过程并不仅仅是纯粹的智力活动过程，还需要以创新情感为动力，在智力和创新情感的共同作用下，创新才有可能获得综合效应的能量。目前看来，大学生在兴趣的深度、广度、稳定性及效能上，都有相当的发展，但若进一步提高，便需要其具有坚强的毅力。毅力是人类自觉确定目标，根据目标来支配、调节自己的行动，克服各种困难，实现自己目标的心理过程，是能动性和个体积极性的集中体现。很多大学生即便能够意识到毅力在创新活动中的重要性，但缺乏毅力，在实际工作中往往是虎头蛇尾，很难长时间坚持。

（二）当代大学生创新能力培育现状

伴随着知识经济时代的脚步，培养高素质创新人才已逐渐成为共识，虽然在学生创新能力培养的实际操作中还存在诸多的问题，但大学生创新能力的培养也逐渐受到重视，这是当代大学生创新能力培养呈现出的一个现象。大学生创新能力培养逐渐受到重视的现状具体表现在如下几点。

1. 知识经济对创新人才的需求

知识经济时代对人才培养的要求主要表现在三个方面：其一是高知识水平，即掌握必要的基础知识，处于知识发展的前沿；其二是知识创新能力，包括学习能力、研究能力、思维能力、表达能力以及组织管理能力；其三是深厚的人文底蕴和人文素养，包括独立的人格和主体性，以及在此基础上的历史使命感和社会责任感。这几个方面不是孤立的、互不相关的，而是紧密联系、有机结合的。没有高水平知识，创新欲望和创新能力就失去了根基；没有创新能力，所谓使命感、责任感就是一句空话；没有独立人格和主体性，也不可能真正有创新精神。知识的本质就是创新，而知识的创新是通过有创新欲望和创新能力的人实现的。发展知识经济关键在人才，其核心是发挥人才的创新能力。只有具有创新欲望和创新能力的人，才有可能抢占知识经济发展的制高点，才会在世界新格局中居于优势。

2. 高校对创新能力培养的重视

伴随着知识经济对创新人才的呼唤，目前多数高校都开始把目光转向创新教育，开始重视对学生创新能力的培养，并采取了一些具体的措施。综合来看，采取的措施有三点：其一，调整教学计划，增加实践教学的学时，提高实践技能模块学分所占的比重；其二，注重学生的社会实践，建立大学生社会实践基地；其三，围绕创新能力培养开展调查和研究工作，然后根据调研的结果进一步修订人才培养方案，增加实践环节学分所占比例，突出专业特色，强化对学生动手操作能力的培养。虽然有些学校采取的措施并不是直接针对学生创新能力培养的，但客观上对学生创新能力的发展有着积极的促进作用，并且也表明了学校对于学生创新能力培养的重视。

二、当代大学生创新能力培养存在的问题

（一）缺乏对学生的有利引导

1. 缺少对大学生创新能力的潜在内生动力的激发与培养

一些学生，经过高考升入大学之后，就失去前进的目标

和动力，容易陷入彷徨和迷惘。大学环境虽然为大学生提供了较为舒适的学习和生活环境，但如果不能正确教育和引导的话，学生就会浪费大量的宝贵时间在无意义的事情上，不利于大学生创新能力的形成。当前的选课和学生评分考核机制，还不能很好地体现和促进大学生创新能力的发展，可操作性不强，创新机制和创新教育体系很不完善。在这种情况下，大学生内心的创新动力和创新意愿就缺少可靠的途径来激发，教材、专业知识和学生自我发展目标不能有效协调一致成为大学生创新动力来源。应付考试、临时突击等不良习惯的养成非常不利于创新能力的形成。同时，一些荒谬的论调成了大学生群体常见的想法。这种现象从表面上看是高校管理实施不当造成的，其实这背后折射出的是我国创新人才培养机制存在缺陷，这非常不利于提高大学生创新能力和创新意识。

2. 缺乏将学生创新能力与个人未来发展相结合的引导

个体的能力与素养在很大程度上决定着个体的发展。在世界经济和科技实力飞速发展的今天，国际之间，企业之间，甚至人与人之间的竞争日益激烈。而在激烈的竞争中，创新意识与创新能力扮演着越来越重要的角色。然而，很多高校在对学生个体能力发展的引导上，多停留在证书的考取上，导致很多学生将大部分的精力都放在了考取各种证书上，忽视了包括创新能力在内的诸多能力的发展。从某种层面上来说，证书确实是证明学生能力的一种直观表现，但如果不具备真正的运用能力，也只是纸上谈兵，徒有其表罢了，很难在个人发展的道路上走得长远。

3. 缺乏将学生创新能力与国家发展相结合的引导

当人类社会历史发展进程，从一乡一村、一城一国变成全球化的物质财富和精神财富创造的时候，缺少创新造成技术落后可能导致整个行业在竞争中的失败。然而，外来技术主导，会失去技术话语权，演变为国家民族发展落后、被主宰甚至分裂，甚至丧失掉民族生存的合理性而被开除“球籍”。这背后的动因，必须引导学生加以深刻认识：一时落后不会永远落后；一时先进也不是不能被超越。随着中国综合国力的不断发展，实现中华民族的伟大复兴已然成为国人的共同目标。而作为新时代的大学生，必然将成为祖国发展的中坚力量，如果缺乏创新能力，便会导致中华民族崛起力量的匮乏，所以要让学生深刻认识到创新能力发展与国家发展的重要关联，从而让学生在以“为中华之崛起”为动力的基础上重视自身创新能力的发展。

（二）存在认识和实践上的误区

1. 重活动开展，轻教学过程

一提到实施创新教育，培养学生的动手能力和创新能力，就认为组织几个创造发明小组、科技活动小组或者兴趣小组，就是大功告成了，有的甚至以一场演出、一次展览、一次比赛来完成任务。这些活动看似无可非议，但很多时候却忽略了创新教育的本质意义。创造力的基础是科学素质，创造力的核心是创造性思维，而科学素质的提高和创造性思维的培养，主要是通过教学过程实现的。大学生在校学习期间，大多数时间是在教与学的过程中度过的。知识的传授、思维的训练、方法的学习，也都主要通过教学过程来实现，所以活动的开展必须与教学过程相结合。开展几次活动是容易的，要在教学过程中贯穿创造性教育则十分困难。而轻视教学过程，学生创新能力的培养便失去了基础。

2. 重技能开发，轻思维训练

目前社会上存在一个普遍现象，普遍重视的是技能开发，而疏于创造性思维训练。从家长到学校，逼迫孩子学习音乐、舞蹈、美术、书法、体育等技能。孩子能在上述某方面有点成绩，社会称赞，家长骄傲。孩子能掌握这些单项技能固然很好，但值得注意的是，家庭、社会与学校都只重视技能开发，而疏于思维训练。重技能，轻科学素质、轻思维训练，这都是创新教育的误区。丢掉科学素质，就没有创新的基础；丢掉创造性思维训练，就没有了创造力的核心。创造力的基础是科学素质，创造力的核心是创造性思维，只有抓住科学素质和创造性思维这个关键环节，才能培养出创造性人才。

3. 重创造结果，轻创造过程

近年来，在科学教育活动及其他各种创造发明活动中，普遍重视的是创造结果，学校和家长关心的是学生拿到什么奖、捧回多少“杯”，而没有抓住创造过程开展有效的创新教育。学生在创造发明活动中，会遇到许多困难，有知识不足的问题、有经验缺乏的问题、有实验条件与设备的问题，等等。他们的创造过程是艰苦的、曲折的，而创新教育就是要利用这个过程对他们进行教育，教育他们要有坚定的信念，要有恒心，有不怕困难、不屈不挠的精神。通过创造过程进一步激发他们的兴趣、好奇心、成就感，培养自我意识。

4. 重掌握了什么，轻发展需要什么

在创新教育活动中，学校和社会往往满足于创新者已掌握了什么，很少思考他们的发展需要什么，满足于能见的、局部的、单项的知识与技能。应当看到，无论要求学生选择什么项目，创造力所必须具备的综合素质，包括科学素质、创新思维、个性品质和实践能力等，全是今后发展不可缺少的。创新能力的培养必须克服“近视”的问题，从长远着眼，从现实做起，要为大学生创新能力的发展，奠定必要的素质基础。

（三）现行教育评价体系存在问题

1. 对高校的评估指标单一

教育主管部门对高校的各种评估制约了教师和学生创新思维能力的发挥。近年来，高等学校面临着各种各样的评估，有国家级的，有省市一级的；有全面的评估，也有专业的评估。正如中学教育围绕高考指挥棒转将影响中学师生创新思维能力的发挥一样，高等教育围绕评估指挥棒转也必将影响高校教师和学生创新思维能力的发挥。不同类型的高校都用一个指标来进行单项评估或专业评估，都是围绕这唯一指标来制定指标体系，指标的唯一性导致人才培养的内容和过程趋同，失去了各学校各专业应有的个性和特色，制约了教师和学生创新思维能力的发挥，既不利于各级各类学校办出自己的特色，又不利于学生的全面发展。

2. 教师的教育质量观片面

长期以来，在教育质量观上，人们往往只把受教育者获得书本知识的多少作为衡量教育质量的标准，这无疑是片面的。正如杨振宁所指出的那样，它虽“有利于学生积累知识，打下扎实根基，但是相对说来在进行科学创新的时候缺少创新意识”。而这种教育质量观必然会导致这样一种考试制度，几乎所有的课程都是单科独立考试，学科之间缺乏联系和结合，考试题目也主要是客观复习性的、判断性的，很少甚至没有主观评价性和创造性的题目，从而导致学生死记硬背课程内容，孤立地学习单一学科，不注意融会贯通，思维不活跃，培养的只是理解力和记忆力。虽然这些也是必需的，但缺少了创造能力，“全人”教育的目标便没有实现。

3. 对学生缺少硬性的评价指标

当前对学生的综合评定是从德、智、体三个方面来进行，在这个体系中，创新能力应属于智力方面的要素，而对大学生智力要素的考查评价却主要来自学生的学习成绩，学习成绩又是来自对书本知识记忆程度的考查，它更多的是学习态度的体现，不能反映学生实际的智力水平和创新能力。专业论文是反映大学生创新能力的重要项目，我们当然不能奢望本科生就能写出有见地、有影响的论文。但是，撰写论文过程中的实际动手能力和创新意识，是学生们在未来知识积累足够时可以作出重大创新的必要前提。目前，大多数本科生除了毕业论文外没有任何作品，学校也不作要求。相比之下，学生们更愿意热热闹闹地去参加上山、下乡、进工厂的社会调查活动或者文艺演出，既轻松又可以得综合评定的加分，如此的评价制度淡化了学生的科研意识，不利于激发学生应有的参加科研的热情。

三、大学生创新能力培养存在问题的原因分析

如果剖析导致大学生创新能力欠缺，高校创新能力培育出现问题的原因，学校、家庭、学生自身是三个主要影响因素。在本书中，笔者将从这三个因素着手，具体分析导致一系列问题出现的原因。

（一）学校因素

1. 教育观念滞后

我国《高等教育法》明确指出：“高等教育的任务是培

养具有创新精神和实践能力的专门人才。”面对生产力和科学技术前所未有的大发展，国际竞争日趋激烈的新形势，高校面临的使命就是实施创新教育，培养出具有创新性、善于思考、具有洞察力的人才，以适应社会可持续发展的需要。近年来，国家虽已采取一系列措施推进素质教育，但地方各级政府教育部门和其他相关部门对创新教育重要性的认识仍然不足，社会、学校、家庭过于单纯关注学生的学习成绩。中考、高考有关的话题始终是民众乃至社会关注有加的热点，而对学生创造力的培养则重视不够。高等院校亦是如此，在人才培养过程中，虽已经开始重视大学生创新实践能力的培养，但这种理念还没有真正占据教育管理者思想的重要位置，强调的仍然是知识传授与技能培养，忽略了日常教学中对创新能力和实践能力的培养。

2. 课程结构设置不尽合理

目前，较之过去高校教育内容体系已日趋合理，但在教学大纲、学制、课程安排、教学过程、学习成绩评定方式等方面仍存在不利于大学生创新能力培养的因素。如课程设置中偏重单一的学科知识，忽略综合知识的渗透；培养创造力的思维训练类、方法类等专门课程开设较少；部分课程不能及时适当地反映本学科的前沿动态及交叉学科有关知识，教材更新周期过长；实践教学环节相对薄弱，部分院校为节约经费而使得课程实习乃至毕业设计流于形式，实验课时相对不足，且多为验证性试验，很少进行可以发挥学生创新精神的探索性试验，缺乏完整的科学探究学习机会等；必修课太多，选修课太少，选课自由度不够；专业选择缺乏自由，不能因材施教，不利于发挥特长和调动学习兴趣，专业基础课不够广泛和深入，等等。这一系列的问题都在一定程度上影响着学生创新能力的发展。

3. 校园文化环境不浓郁

校园文化属于社会大主体文化下的区域性的文化，主要指学校环境中教育者、受教育者以及学校管理者通过校园这一载体反映出来的文化的总和，包括校园物质文化环境、校园精神文化环境以及校园制度文化环境。其中，校园精神文化环境包括学校的办学思想、培养目标；学校中个体的人生观、价值观、道德观；学校的舆论环境等。我们所说的校风就是精神文化的一种体现。校园制度文化环境顾名思义，也就是由学校制定的，师生需共同遵守的行为准则以及规章制度，对学校内每个成员具有规范作用，用来保证学校活动的顺利进行。校园文化环境对学生创新能力培养起着无形的、潜移默化的影响。目前很多高校提供给学生自主创新的场所、设施相对缺乏，学术研究与交流气氛不浓，而且在目前高校校园文化中，文体娱乐类活动居多，培养学生创新意识和创新能力的科技学术类和专业实践类活动较少，校园文化活动总是流于形式，浮在表面，校园环境的作用自然无法显现。

4. 教师创新素养不高

大学教师的素质水平决定着大学素质教育能否贯彻落实。大学生创新意识、创新能力的培养很大程度上取决于大学教师素质的高低。目前我国整个教师队伍在培养创新人才方面还是能力欠佳、力不从心的。纵观我们的教师队伍，基本上是在传统的教育观念、教育体制和“应试教育”的模式下培养出来的。虽然也不乏教学水平高、有创建的教师，但整体来看，在教育思想方面仍然是旧的传统教育观念占主导地位，还不能适应现代教育培养创新人才的需要。试想一下，本身就缺乏创造性训练和素养的教师又怎么能培养出具有创新能力的学生呢。

（二）家庭因素

家庭的教育方式一般分为压制型、溺爱型和民主型三种类型。压制型和溺爱型的教育方式易使孩子养成依赖、顺从的习惯，缺乏创造性，创新能力差。民主型家庭教育倡导让儿童积极参与各种事务，以激发孩子强烈的创新欲望，使创造性得以健康发展。在此，我们主要分析前两种家庭教育方式造成的消极影响。

1. 压制型家庭教育方式

压制型家庭教育有两个主要特征：一是期望过高。父母习惯于拿孩子的表现与父母对孩子的期望、理想相比较，习惯于拿自己的子女与其他优秀的孩子比，习惯于拿自己孩子的不足与其他孩子的长处比。比来比去全是问题，因此经常严厉教育甚至训斥孩子。在这样的家庭教育环境中成长的孩子，往往缺乏自信，不敢创新。二是以骂代教。有些家长坚信“不骂不成器”的道理，经常性地以骂代教，即使表扬孩子也都是以骂的形式表现出来的。经历无数次被骂的刺激后，孩子的心理发展便容易出现问题，比如我行我素、自卑等，这些消极的心理都不利于学生创新能力的发展。

2. 溺爱型家庭教育方式

溺爱型家庭教育有三个主要特征：一是什么事都不让做。在许多家长看来，孩子的唯一任务是学习，学习好就是成才的唯一条件。而劳动是孩子的负担，参加劳动必然影响学习，孩子的学习家长不能代替，但孩子的劳动，哪怕是自理性劳动，也完全可以由家长来承担。二是什么东西都给孩子。这种家庭教育方式主要表现在无限满足孩子各方面的要求，无论是吃的、穿的，还是用的，都满足孩子的要求。三是把孩子当成温室里的花朵。在这种心理和思想支配下，家长如何娇惯孩子是可想而知的。这种家庭教育势必会导致孩子成为一个生活能力差、心理依赖性很强的人，一个缺乏毅力和耐心且以自我为中心的人，一个自尊心过强害怕挑战的人，一个经不起挫折和失败考验的人。这样的人将无法面对人生各种复杂、曲折、反复的遭遇和经历，无法在竞争激烈的现代社会中生存和自立，自然也就谈不上创新了。

（三）学生自身因素

对于大学生创新能力发展的影响，除了外在的一些因素外，大学生的自身因素也影响着创新能力的发展。这里讨论的自身因素包括大学生的创新意识、创新情感以及创新意志等非智力因素。

1. 创新意识

从意识层面来说，大学生创新意识的问题主要体现在如下几点。

（1）缺乏好奇心

好奇心是人们想要了解事实的一种心理。由于好奇心的驱使，人们对未知事物的疑惑转化为探索事情原委的动力。可以说好奇心是创新的驱动力。然而当前我国大学生的好奇心却较为缺乏，他们更习惯于接受知识，对于不理解的信息也只是强加记忆或者一眼扫过，对于知识的掌握仅停留在表层。

（2）缺乏求知欲

求知欲指人渴望得到知识、真理的程度。大学生只有通过不断地去追求，才能学会更多的知识，掌握更多的技能。所以，求知欲强的大学生在创新能力发展的道路上才能目标明确、不屈不挠、勇往直前。但是，目前很多学生仅仅满足于对学科知识的学习，只要不挂科就非常满足，求知欲明显缺乏。

（3）缺乏怀疑精神

适度的怀疑精神能够保持学生的思维独立性，在行动上体现出积极主动性而不是被动的等候安排。实际上，适度的怀疑精神有助于大学生发现真理，看清事物的本质属性。然而，目前很多学生都缺乏怀疑精神，对于教师以及书本上的知识全盘接受，缺少自主思考和质疑。

2. 创新情感

从情感层面去讲，大学生创新情感的问题主要表现在如下几点。

（1）畏惧失败

一些学生在开展活动的过程中，患得患失、害怕失败，有这种心理的学生不敢去冒险，习惯把书本上的经验作为自己做事的纲领。但是创新需要不畏惧失败与风险。很多学生害怕失败，认为失败会带来周围同学对自己的嘲笑，这一类学生由于害怕失败而产生了跟随大众的心理，盲目地服从别人、人云亦云、随波逐流。

（2）以自我为中心

大学生多以自我为中心，通俗而言，也就是自恋情结较为严重，大学生在创新活动中会表现出自夸自耀、孤芳自赏。过度的以自我为中心会导致学生难以接受别人的观点和意见，甚至排斥他人，出现目光短浅、心胸狭窄的人格，最终使得其创新能力受到极大的摧残。所以对于大学生创新能力的培养，学生的以自我为中心是一大障碍。

（3）不能自我调节

学生在创新活动过程中遇到挫折与失败时不懂得自我调节，不知道适时调节自己紧张的神经，不会自我放松紧张的情绪。带着这些低落的情绪进行创新活动反而会增加失败的概率。当前我国大学生多是从小被家长宠大的，这样的环境下长大的孩子在遇到问题时多会手足无措，自我调节能力差，在挫折面前可能一碰就倒。

3. 创新意志

从意志层面来看，大学生创新意志存在的问题表现在以下几点。

（1）做事缺乏毅力

创新的道路是艰辛、曲折、漫长的。没有坚持不懈的顽强精神是很难跨越重重障碍而取得最终成功的。贝弗里奇说："几乎所有有成就的科学家都具有百折不挠的精神，因为凡是有价值的成就，在面对各种挫折的时候，都需要毅力和勇气。"①

实际上，在创新的道路上，失败远远多于成功。我们熟知的世界知名的创新者大都具有坚持不懈的精神和顽强毅力。我们可以看到，他们取得成功之前大都历经了多次失败，但是，他们贵在坚持，最终获得成功。然而，当代大学生的现实情况是，大部分都是在父母的宠爱下长大的，这样的家庭环境下成长的孩子大多数都缺少坚持不懈的精神，遇到一点点困难就觉得自己不行，不愿克服困难继续前进，创新自然无从谈起。

①李才俊．大学生创新能力培养新探析 [M]. 重庆：重庆出版社，2006:115.

（2）做决定优柔寡断

果断性是创造者开展创新活动不可缺少的优秀品质之一。在创新活动中，在需要对方法、目标等问题作出决定时，如果优柔寡断、徘徊不前，必然就会丧失时机。无论在多么复杂的条件下，都应该保持头脑思路清晰，果断地作出决定，并积极采取行动，不浪费宝贵的时机。然而，当前我国很多大学生的现状是做事优柔寡断，缺乏果断性，犹犹豫豫，时而作这样的决定，时而又做那样的打算，最终不仅浪费创新的宝贵时机，甚至导致创新活动的失败。

第三节 当代大学生创新能力培育的价值意义

一、国家发展层面的价值

（一）国际竞争的需要

当前，人类社会步入了一个科技创新不断涌现的重要时期，也步入了一个经济结构加快调整的重要时期。进入21世纪，世界新科技革命发展的势头更加迅猛，正孕育着新的重大突破。信息科技将进一步成为推动经济增长和知识传播应用进程的重要引擎，生命科学和生物技术将进一步对改善和提高人类生活质量发挥关键作用。在世界新科技革命推动下，知识在经济社会发展中的作用日益突出，国民财富的增长和人类生活的改善越来越有赖于知识的积累和创新。科技竞争成为国际综合国力竞争的焦点。面对世界科技发展的大势，面对日趋激烈的国际竞争，我们只有把科学技术真正置于优先发展的战略地位，真抓实干，才能把握先机，赢得发展的主动权。而国际科技领域无论哪一方面的发展和竞争都离不开具有创新能力的高素质人才。1998年，我国正式提出建设国家创新系统，所谓国家创新系统，就是在政府的宏观指导下，在我国境内不同企业、大学、地方政府之间围绕着科技知识这一中心，资源循环流动产生的相互作用的网络。通过建设这一系统来增强国家的创新能力，提高创新效率，为国家参与国际竞争提供支柱和后盾。

（二）国家现阶段的战略任务需要

我国正处于社会主义初级阶段，经济社会发展水平不高，人均资源相对不足，进一步发展还面临着一些突出的问题和矛盾。从我国发展的战略全局看，包括走新型工业化道路，调整经济结构，转变经济增长方式，缓解能源资源和环境的瓶颈制约，加快产业优化升级，促进人口健康和保障公共安全，维护国家安全和战略利益等。所以面对国家现阶段的战略任务，我们比任何时候都更加迫切地需要坚实的科学基础和有力的技术支撑，需要具有创新能力的高级人才。

（三）国家现阶段科技发展水平的需要

目前，我国科技的总体水平同世界先进水平相比仍有较大差距，同我国经济社会发展的要求还有许多不相适应的地方。主要是关键技术自给率低，自主创新能力不强，特别是企业核心竞争力不强；农业和农村经济的科技水平还比较低，高新技术产业在整个经济体系中所占的比例还不高，产业技术的一些关键领域存在着较大的对外技术依赖，不少高技术含量和高附加值产品主要依赖进口；科学研究能力不强，优秀拔尖人才比较匮乏。总之，我国科技事业发展的状况与完成调整经济结构、转变经济增长方式的迫切要求还不相适应。我们必须下更大的气力、作更大的努力，培养高素质创新型人才，进一步深化科技改革，大力推进科技进步和创新，带动生产力发生质的飞跃，推动我国经济增长从资源依赖型转向创新驱动型，推动经济社会发展切实转入科学发展的轨道，这是一项刻不容缓的重大使命。

（四）建设创新型国家决策的需要

党中央、国务院做出的建设创新型国家的决策，是事关社会主义现代化建设全局的重大战略决策。建设创新型国家，核心是把增强自主创新能力作为发展科学技术的战略基点，走中国特色自主创新道路，推动科学技术的跨越式发展；就是把增强自主创新能力作为调整产业结构、转变增长方式的中心环节，建设资源节约型、环境友好型社会，推动国民经济又快又好地发展；就是把增强自主创新能力作为国家战略，贯穿到现代化建设各个方面，激发全民族创新精神，培养高水平创新人才，形成有利于自主创新的体制机制，大力推进理论创新、制度创新、科技创新，不断巩固和发展中国特色社会主义伟大事业。

（五）实现“中国梦”的需要

中国梦是国人充满自信自由追求理想，全面实现个人价值的时代理念体现。“中国梦”的提出，既向我们描绘了一幅祖国未来发展的蓝图，同时又向我们提出了新的挑战和要求。创新推动本国生产力的发展，首先要解决创新人才的培养问题，这不仅是强调创新人才的重要性，也是对创新人才培养方向的肯定。要想以自力更生的方式实现“中国梦”，那么走创新发展之路，培养创新型人才便是最明智的选择。从某种程度上说，改革开放初期的经验积累和基础建设是今天创新认识的量变基础上的质变体现，也是深入改革出现的新红利。竞争领域的深入和产业科技层次的提升，都需要创新型人才来参与完成。通过培养大学生创新能力带动科技创新，进而催生出一些新的产业，这本身就是对就业和产品的双向提升。创新可以在各领域实现技术上的世界领先。加强大学生创新能力培养，对提高生产力水平，发展国民经济，最终实现伟大复兴的“中国梦”具有重大意义。

二、教育层面的价值

（一）高等教育与时俱进的需要

人的创新能力不是与生俱来的，需要将头脑中关于创新的意识活动从感性表达提升到理性探索上，实现由感性到理性的质的飞跃，并落于实践。所以，大学生创新能力的培养不能顺其自然，放任创新潜力的自动出现，创新能力需要在学校经过系统的创新教育得以形成。良好的创新思维和自身素质一经形成，就会自动步入不断建构和更新的轨道，并且成为推动大学生创新能力发展的内在力量。一方面，强化高等教育质量是适应经济社会发展的需要，完善高校专业合理设置和结构，应该以创新人才培养为出口。[①]另一方面，提高教师队伍整体素质，加强学生实践能力和创新精神，转变人才培养模式，更新教学内容和方法，应该着眼于社会发展的要求。深化高等教育改革，提高人才培养的能力和水平，更好地满足经济社会发展对高素质创新型人才的需要。国内各个高校应该把提高教学质量与适应经济发展相结合，充分利用其自身优势，推进新时期的教育改革，积极落实并推进素质教育，制定新的衡量人才的标准，以利于创新人才的成长。在综合素质的评判中以创新能力为核心，发挥评判的导向功能，从提升教学质量、

①杜才平.目前我国高校专业设置的现状问题及其对策[J].湖北社会科学,2011(4):178-181.

改变教育方式等方面来推进教育改革与创新能力培养的结合，建设更符合时代发展的全新教育机制。所以，培养大学生创新意识，提高大学生创新能力既是现代化教育改革的要求，也是其必然的选择。

（二）完成时代赋予高等教育使命的需要

人类社会的发展，以经济时代划分，已历经农业经济、工业经济，并进入了工业经济的高级发展阶段——知识经济时代。所谓知识经济，就是指以知识和信息的生产、储存、使用和消费为基础的经济。这一经济形态从根本上说，是一种以创新为灵魂、以教育为基础、以造就人才为关键，强调创新、鼓励创新、支持创新、体现创新的一种新的经济形态，创新是支持其不断发展的最重要的动力源。所以，是否具有创新能力，创新能力的大小强弱，在知识经济时代具有十分重要的影响。尤其在目前形势下，全球范围内日趋激烈的综合国力竞争，其实质就是科技竞争和国民素质的竞争，而发展科学技术和提高国民素质的根本点都在于创新。创新知识和应用知识的能力与效率将成为影响一个国家综合国力和国际竞争力的重要因素。

高等教育肩负着传承知识、培养人才、推动社会进步和发展的重任，因此，系统培养、训练大学生创新能力必然成为我国高等教育的重要使命。高等教育应该通过自身所具有的系统的教育体系、完备的课程结构、先进的教育理念、强大的师资力量，着力开展创新教育，培养出具有创新精神和创新能力的、能推动社会发展和进步的创新型人才，进而在未来的全球人才竞争中占有一席之地，推动我国综合国力的不断提升。这是时代发展赋予高等教育的重大历史使命。

（三）高等教育改革的需要

我国教育法规定我国的教育方针是教育必须为社会主义现代化建设服务，必须与生产劳动相结合，培养德、智、体等方面全面发展的社会主义事业的建设者和接班人。但是，当前的高等教育质量还不能完全适应经济社会发展的需要，不少高校的专业设置和结构不尽合理，学生的实践能力和创新精神亟待加强，教师队伍整体素质亟待提高，人才培养模式、教学内容和方法需要进一步转变。因此，迫切需要采取切实有效的措施，进一步深化高等学校教学改革，提高人才培养的能力和水平，更好地满足经济社会发展对高素质人才的需要。深化教学改革是现代教育的一个核心内容，不仅中小学需要，高等院校同样需要。而加强大学生创新能力的培养，培养具有创新精神和实践能力的高级专业人才，是高等教育改革的一个方向，对于深化教育改革具有非常积极的意义。

三、学生发展价值

（一）学生能力发展的需要

从发展心理学的角度看，大学生已经具备了接受创新能力培养的基础条件。

首先，大学生在思维方面已经比较成熟，具备了形象的思维能力，抽象逻辑思维能力的发展也使他们能够超出有形物质条件的束缚而思考问题，他们的思维已有一定的独立性、批判性、组织性和深刻性。此外，大学生思维的发展还有一个重要的特点，即他们的思维过程、内容和方法逐渐成为自己思维活动的对象，而且他们能认识到自己的思维与别人的思维之间的区别。因此，他们能对自己的思维活动提出问题，加以评论并发现自己的不足，进而进行改造，使自己的思维更加缜密，思维方法日臻完善，思维活动更符合规律且更富于创造性。

其次，在认知能力方面，大学生是经过高考的严格挑选而进入大学的，年龄大多在18~25岁这一阶段，他们通过小学、初中、高中阶段的学习，已经积累了一定量的知识，初步具备了自学的能力。他们入学时，观察力、记忆力以及注意力等的发展已经基本成熟，而且达到了较高的水平。进入大学后，随着专业学习的深入，这些基本的认知能力能够发展到更完善的水平和层次，为他们建构创新所需的知识结构奠定了基础。

最后，在情绪情感和意志方面，大学生的情感日益丰富，社会性、事业性的高级情感越来越多，并逐渐具有相对的稳定性，不易受消极因素的影响。同时，大学生的意志品质逐渐提高，逐步具有了较高水平的自我调节能力以及控制自己行动的能力，意志的目的性和坚持性获得了重要发展，使活动带有很高的自觉性和主动性，在理想的支配下能够克服困难，排除干扰，向目标迈进。这是他们顺利进行学习活动和创新活动的一个重要的基础条件。

总的来说，在学生学习的整个阶段，大学阶段是学生能力、情感、素养等发展最为成熟的阶段，虽然依旧存在一定的问题，但这一阶段是对其创新能力培养的最佳时期，而创新教育正好满足学生能力发展上的需求。

（二）提升学生综合素质的需要

心理学研究表明，创新意识和创新能力是一种认识、人格、社会层面的综合体，其形成和发展涉及人的生理、心理、智力、思维、意志、人格等诸多方面，并且是这些方面相辅相成、综合作用的结果。它以深厚的文化底蕴为基础，以高度凝练、系统的知识体系为承载，以充分体现个性特征的思维能力和精神境界为表征，主要体现为个体的综合素质和综合能力。并且，个体的创新意识和创新能力定型后，对个体其他方面素质和能力的训练和培养还将起到一定的推动、激发、稳固作用。在这个意义上，也可以说创新意识和创新能力能巩固和丰富人的综合素质。因此，创新意识和创新能力在大学生素质结构中居于核心地位，不仅是综合素质最明显的外在表现，还可以通过一定的机制反作用于综合素质的培养，使综合素质得到进一步的发展。大学生进入高校学习后，已不存在巨大的升学压力，但严峻的就业形势和成长成才的迫切要求，进一步激发了他们提升自身综合素质的内在动力。以创新意识和创新能力的培养提高为突破口，并在大学生综合素质培养中发挥其独特的作用，可以极大地刺激、激励、引导、带动其他方面素质的不断提升和全面进步，从而实现提升综合素质和能力的目的。

（三）终身学习的需要

人类社会的实践活动是一个永恒的运动过程，它必然随着生产力的发展而变化。纵观人类社会发展的历史，在每一次重大变化前，都是科学认识首先向未知的未来不断提出新的要求，当这种要求在当前科学领域不能得到满足时，就可能促使科学向更深更广的领域延伸，从而产生创造性思维，并突破当前科学发展的框架，而达到一个新的高度。可以说，创新也是人类社会发展的一个推动力。无止境的发展，要求推动生活在其中的人类不断开拓科学研究的新领域，进一步扩宽人类原有的认识水平和认识层次，从而使人类的知识获得新的飞跃。这样的发展轨迹，也要求生活在其中的人类必须在知识领域时刻保持不断更新、充实、提高的状态，以适应社会发展的要求。因此，从这个意义上也可以说：发展无止境，创新无止境，知识的更新更无止境。

大学生作为社会主义事业的建设者和接班人，承载着实现中华民族伟大复兴的艰巨使命，承载着国富民强的百年梦想，承载着发展中国特色社会主义事业的光荣责任，所以更应以创新能力的培养为重点，适应社会和时代的需要，坚持终身学习、终身受教育，使自身的知识结构、知识储备始终处于比较完善的状态，始终保持与时代的同步发展，才能随时根据社会发展所提出的创新要求，开展创新实践，实现创新目标，进而实现自身的社会价值和历史使命。

第四节　当代大学生创新能力培育的具体策略

一、培养大学生的创新意识

大学生强烈的创新意识是创新活动的动力和先决条件。对于大学生来说，没有创新意识，就不可能产生创新的需求，也不能萌发创新的动机；没有创新意识，即使具备创新能力，也不一定有创新活动。加强社会主义核心价值观教育，可以有效促进大学生意识形态的形成，激发学生的创新意识。对于培养大学生的创新意识的具体方法，笔者认为应该从问题意识、创新动机两个层面展开。

（一）树立问题意识

问题意识在思维过程和科学创新活动中占有非常重要的地位。从科学发展进程来看，很多重大的发明与创新，与其说是问题的解决者促成的，不如说是问题的寻求者促成的。在知识更新换代十分迅速的今天，良好的问题意识是大学生主动汲取知识的强大动力，是培养大学生创新能力的基础。大学生可以从以下几方面树立问题意识。

1. 培养批判意识

具有批判意识的人往往能够透过现象看本质，透过纷繁看规律，不随波逐流，不应声附和，敢于严明自己的主张和见解。因此，培养批判意识首先需要合理地看待权威，敢于质疑权威。 权威不一定就对，这个道理浅显易懂，做起来却不容易。在社会化过程中我们从小就被教导要尊重权威，在家里要尊重父母，尊重长辈；在学校要尊重老师，尊重教科书；到了社会上要尊重领导。毋庸置疑，权威之所以称之为权威，大部分情况下是合理的，但并不代表着始终是合理的，也不代表着没有问题。纵观人类历史，对权威的怀疑推动着人类文明的不断发展，不少科学真理的发现是源于对权威理论的怀疑。德国科学家魏格纳敢于跟“正统派”的大陆固定论的地球观唱反调，提出了“大陆漂移说”；达尔文推翻物种不灭论，创立进化论；哥白尼冒死挑战“地球中心说”，提出“太阳中心说”，如此等等。怀疑是推动社会向前发展的不竭动力。我们如果没有怀疑，就会因循守旧，故步自封；人类如果没有怀疑，就没有今天的文明。所以当代大学生应该对此有清晰的认识，权威不一定全是正确的，要敢于怀疑，敢于批判。

当然，批判意识的形成还需要批判思维的训练，比如进行元认知训练。元认知是人们对认知的认知，它不同于单纯认知的个体对外界客观事物的直觉、记忆、思维、想象、注意等心智活动，而是积极主动地对心智活动计划、监控、反思以及根据解决问题的不同情境灵活机智地进行认知策略改组的心智活动。元认知体现了个体的自主控制性、自我批判性和自主创造性。促进元认知训练，能培养大学生的探究精神、对传统思维范式的颠覆精神和对问题的评估论证能力。展开积极的辩论也是培养批判思维的有效方式。批判性思维本身就是一个积极的建构争论的过程，而对同一个问题的争论，促使自己用已有的知识经验、理论原理来维护自己的意见，在辩论的过程中一方面是对知识的巩固，另一方面是对思维能力的锻炼，更重要的是通过各抒己见及思想的碰撞使人们更清楚地发现问题的本质。大学生培养批判性思维不能急于求成，要给自己足够的时间和空间，抓住在课堂活动等各种活动中的机会，主动创造机会，锻炼自己的批判性思维品质。

2. 善于捕捉问题

树立问题意识的重要环节是发现客观存在的矛盾，对客观现象提出自己的观点，根据现有的信息准确地捕捉问题。而要准确地捕捉问题，首先需要学生摒弃惯性思维。人们对固有的经验产生怀疑是一件比较困难的事，固有的经验给人们的生活带来了很多好处：它简化了人们认识世界的过程，它为人们解决问题提供良好的借鉴和帮助。但固有的经验也会蒙蔽我们的眼睛，成为我们思维无形的枷锁。人们往往停留在自己习惯的角度看问题，遇到问题时，我们脑子里所闪现的往往是最熟悉的、最通俗、最符合逻辑或最受以前经验影响的方法。当然，惯有的思维和逻辑并不是不能用于解决问题，但作为一个创新者，应该能够在运用惯有思维解决问题的基础上，跳出惯有思维的束缚，从更多的角度去看待问题、发现问题。

其次，需要学生克服盲目从众的心理。从众就是我们通常所说的“随大流”，即在群体的影响和压力下，个体放弃自己的意见而采取与大多数人相一致的行为。从众现象是日常生活中常见的心理现象，在特定的条件下，由于没有足够的准确信息，我们通过模仿他人的行为来降低决策的风险。但盲目地从众将扼杀一个人的独立意识，使其失去发现问题的能力。因此，学生需要保持清醒的头脑，如果你感觉自己比较容易从众，那么你每天可以给自己一个暗示：我是独立的个体，没有准确的证据绝不盲目改变初始判断，要做到“众人皆醉我独醒”。当然，克服盲目从众还需要学生提高自制力。一个自制力较高的人一旦作出了决定，便会主动地顶住“与众不同”所带来的群体的压力，迫使自己执行已有的决定。

（二）激发创新动机

人类的任何行为都有其动机，只是有些动机是显性的，有些是隐性的。大学生的创新动机直接影响着大学生对创新活动的期待，对创新结果的评价和体验，并进一步影响着大学生创新意识的发展和从事创新活动的积极性。因此，大学生创新意识的培养需要激发他们的创新动机。而就动机来说，可以分为内在动机和外在动机，所以大学生创新动机的激发也应该从内在和外在两个层面展开。

1. 激发和保持内在动机

心理学家普遍认为内在动机更有利于创新意识的培养、创造活动的产生和创造力的发挥。对于高内在动机的人，活动的本身就是一种奖赏，他们从事某项活动往往是出于对工作的兴趣、满足好奇心、获得成就感等机体内部的需要，并在行为过程中有意识地培养自身的创新意识。所以与一般人相比，那些在创意领域中工作的人，对其工作具有更高的内在动机。因此，激发学生创新动机的首要任务是激发和保持他们的内在动机。

首先，教师可以引导学生进行积极的归因。归因，即归结行为的原因，指个体根据有关信息、线索对行为原因进行推测与判断的过程。无论是成功还是失败，每个人都会力求解释自己的行为，分析其行为结果的原因。一个人对成败的归因将影响其创造性工作的动机强度。那什么是积极的归因？即将成功或失败归因于可控因素，如自身的努力程度，而不是归因于像运气、任务难度等不可控的因素。另外，在此基础上，还可以适度地进行“自利性归因”，即将成功的原因归于自身因素，把失败的原因归为自身之外的情境或他人。适当的自利性归因有助于个体在失败的时候不至于太悲观，同时也可以减少内心的焦虑与内疚感；而在成功的时候会感到满意和自豪。这种积极的心理体验将使个体对行为的积极性保持在较高水平。

其次，激发学生的创新兴趣。兴趣是指一个人积极探究某种事物及爱好某种活动的心理倾向，它表现为人们对某件事物、某项活动的选择性态度和积极的情绪反应。兴趣是影响创新过程最积极、最活跃的心理因素。兴趣使人的探究和认识活动染上强烈的、肯定的情绪色彩，从而使这种活动为人所接受和喜爱。爱因斯坦也说过，兴趣是最好的老师。兴趣可以使人集中注意，产生愉快的心理状态，这种愉悦的心理能够使人的感知活跃起来，于是思维敏捷、想象丰富、观察准确、记忆牢固、注意力集中而持久，有助于把个体的智慧和能力充分发挥出来。同时，兴趣使学生即便在艰辛烦琐的学习过程中，也能够体会到快乐，从中获得心理上的满足，从而进一步激发其内在动机。总之，内在动机一旦产生，便不需外在的、附加的推动力量，即可持续产生一些自主行为，这是维持有效学习不可缺少的因素，也是学生创新动机的核心。所以教师应该通过多种手段，为学生内在动机的产生提供条件。

2. 合理运用外在动机

外在动机对于创新是一把“双刃剑”，对创新具有积极作用，也有消极作用，所以要合理运用外在动机。首先，可以借助外在动机激发内在动机。有时，内在动机不会一开始就产生，特别是接触一个新的事物或进入一个新的领域时，由于对新事物不熟悉，很难产生强烈的内在动机。这个时候就需要外在动机去支撑行为，在实践的过程中培养兴趣，发现外部奖励之外的乐趣与价值。比如一个人开始为了得到父母的鼓励和奖励，从小讲究卫生，长时间下去，讲究卫生的习惯内化成他生活的一部分，这时他的内在动机已经形成，不再为了奖励而讲究卫生。又比如，一个人一开始是为了得到同伴的赞赏而去做一些小发明创造，久而久之，他发现这项活动充满乐趣，也让他十分有成就感，那么这个时候支持他行为的主要因素不再是外在动机了。

其次，要避免外在动机抑制内在动机。过分强调外在动机会使内在动机降低，甚至使其完全消失。心理学里的很多研究都证明了这个观点。促使一个人行为的外在动机很多，例如外部的奖励、他人的赞赏、讨好权威等。外在动机的存在不可避免，但在行为活动中要学会弱化外在动机，使行为活动基于满足机体内在的需要。生活中相应的例子很多，比如原本对作画非常感兴趣的孩子，当作完画受到奖励时，孩子再作画时就会忽视内在的兴趣，而去寻求外部的奖赏，为兴趣而作画变成了为获得“优秀选手”的奖励而作画，当奖励不再出现时，作画的行为也就没有理由发生了。过分在意这些外在奖励使原来充分的内在动机逐渐弱化甚至消失。在行为活动中，应该做到看淡外部奖励，特别是行为源自内在动机时，更应该提醒自己行为活动的初衷是什么，避免外在动机抑制内在动机。

二、构建适应创新能力培养的课程体系

（一）优化课程设置，构建创新性的课程体系

课程设置的时代化和综合化程度是衡量一所大学先进化程度的重要指标，也是衡量一所大学的发展水平、所在层次和发展潜力的重要指标，是课程设置是否合理的重要体现。一所大学能够采用何种创新能力培养模式，在很大程度上取决于课程设置的合理程度以及时代化、综合化程度。“课程设置的综合化程度对人才知识能力结构具有明显影响，综合化程度高有利于人才跨学科跨专业选课，开阔知识视野，激发探索性的思考，打下雄厚的学术基础，塑造完整的人格，增强综合能力的培养。”[①]大学必须重视课程设置的综合化，课程设置的综合化要求课程设置要跨学科、跨专业，这样的课程设置才可以适应当代科学技术综合化、产业综合化和社会问题综合化的历史发展趋势。

构建综合化的课程设置是夯实知识创新基础的首要举措。在构建具有创新性的课程设置中，我们所追求的原则就是创新，需要改革现在的教学手段与方法，丰富课程创新内容，构建具有创新性的课程设置。课程设置的时代性反映的是一所大学的创新培养模式理念是否与时俱进，课程设置综合化程度反映的是一所大学课程学科的涉及面是否宽广，课程体系设置是否考虑到文理学科的融合度。课程设置的广泛性和文理学科的融合度是课程设置拓宽的主要体现。从培养

①龚怡祖．论大学人才培养模式 [M]. 南京：江苏教育出版社，1999:42.

创新能力的角度建立起教育培养体系，优化现有主要的大学生创新能力培养模式，提高大学生创新能力培养的有效性，培养和提高大学生的知识学习、运用、判断、整合、创造的综合能力，进而培养大学生的创新能力。

（二）丰富选修课程，满足学生自由学习的需要

课程设置应该随科技、社会、经济的发展变化及时调整和更新。具有灵活性的课程设置可以批判继承旧的课程体系，并且具有很强的适应性和自我调节功能，能在很短的时间里适应新的社会、科技和经济变化发展。应该从培养创新能力的角度建立起教育培养体系，优化现有主要模式，培养大学生的综合能力，进而培养大学生的创新能力。

选修课程在大学生创新能力培养过程中扮演着重要角色，是拓宽学生、教师知识面的重要途径，是从培养创新能力的角度建立起的教育培养体系，是把创新意识转化为实际培养手段，达到培养大学生创新能力的目的的有效方式，是培养大学生创新知识学习能力的重要途径。在高等教育中，必修课程不可能是孤立存在的，选修课程对必修课程具有配合和互补的功能，可以扩展和融合所有课程之间的结构，保持各学科的层次、结构平衡，给学生提供综合化的课程设置体系，以提高大学生创新能力培养的有效性。当然，必修课程与选修课程应该保证结构平衡，围绕学生的知识、能力、素质寻求平衡点。主干课程与一般课程、基础课程与专业课程、理论课程与实践课程、必修课程与选修课程的比例关系是课程结构平衡的主要内容，应根据当代科学技术与社会的要求，以及学校、专业自身的特点，确定各课程的最佳比例。在条件允许的情况下，必修课程与选修课程的比例可以控制在 7 ∶ 3。这样的比例能够很好

地保持必修课程与选修课程之间的结构平衡，有利于从培养创新能力的角度建立教育培养体系，优化现有主要模式，培养和提高大学生的综合能力。

丰富的选修课程还体现在必修课程与选修课程的机动性设置。机动性课程设置是指课程体系对人才多样性、层次性以及柔性化的教学要求作出弹性反应的能力，是实施因材施教所需具备的培养条件之一。提高课程体系的机动性，一般有实行课程模块化、系列化，划分选修课系列与入门档次等途径。课程模块化和系列化是指选修课程编排时需要摆脱主要课程的束缚，可以按照学生的需求、社会的需求、科研的要求、就业的要求等来进行选修课程模块编排，并且在编排的过程中形成系列化的课程编排体系。这样的选修课程编排方式可以适应多学科、多专业的要求，能够提高选修课程乃至整个课程体系的设置机动性，有助于学生通过选择不同的课程模块和系列来培养自身的综合素养和能力。

（三）多学科交叉发展，培养大学生的综合能力

多学科交叉发展是建设一流大学的必经之路，是大学生获取知识的重要平台，是培养大学生综合创新能力的有效手段。“多学科交叉发展是指学科主体根据社会发展的需要和学科发展规律，结合自身实际，采取各种措施和手段促进学科发展和学科水平的一种社会实践活动。”①多学科交叉发展的意义在于，大学的多学科交叉发展的水平对一所大学的发展水平起到决定性的作用，是优化现有主要培养模式的重要手段，是构建大学生创新能力培养模式的条件。

多学科交叉发展主要通过两个方面来实现，一方面是构

①罗云，孙东平．世界一流大学学科建设的基本经验及其启示[J]．高等理科教育，2006(3):64-69.

建多学科共同发展的学科设置，促进学科设置从单一向复合转变。学科设置一般反映的是一所大学的发展程度，学科设置单一的院校一般属于发展水平比较低的大学。相反，学科设置复合性程度高的院校属于发展历史比较悠久、发展水平相对高的大学。所以一般看来，学科设置门类众多是一流大学学科布局的主要反映。但是，构建多学科共同发展的学科设置不是一朝一夕就可以实现的，纵观世界一流大学的学科设置就可以看出，没有一所大学在创办时就可以实现多学科建设，都是在时代的发展和社会对人才需求的催生下逐步实现学科设置从单一模式向复合模式转变，逐步实现文理交叉发展和多学科共同发展的学科设置模式。

另一方面，构建多学科交叉、渗透、交融的学科结构，促进学科结构向综合化方向发展。构建多学科交叉、相互渗透、交融的学科体系是每一所大学进步的重要标志。目前世界一流大学的学科结构特征为："一是文理基础性学科雄厚，基础研究特别强；二是强大的医、工、经、管等应用性学科为主干；三是综合性、交叉性学科特别多。"[①]从某种程度上来说，具有以上某一特征的学科结构的高校都可以算是发展程度相对好的高校，所以我国各高校可以根据自身的学科结构优势为中心，交叉发展其他新学科，努力构建多学科交叉的综合学科结构，优化大学生创新能力培养模式，提高大学生创新能力培养的有效性。

构建多学科共同发展的学科设置，促进学科设置从单一向复合转变；构建多学科交叉、渗透、交融的学科体系，使学科结构向综合化方向发展。从大学生创新能力培养的顶层

①罗云，孙东平．世界一流大学学科建设的基本经验及其启示[J].高等理科教育，2006(3):64-69.

设计出发，实现多学科共同发展，多学科交叉、渗透、交融，有利于拓宽大学生获取知识的渠道，同时拓展导师个人知识面，使导师在培养大学生创新能力过程中，能够提供大学生所需的综合知识，使本科生导师制模式有利于大学生的综合发展。所以，多学科交叉发展，能够优化现有的大学生创新能力培养模式，提高大学生创新能力培养的有效性。

三、建立高效的创新能力培育保障体系

（一）培养高素养的师资队伍

“高素养”教师指在教育教学的某一方面，主要是学科教学或学术研究领域有专长，站在前沿知识的制高点，能够创造新知识的教师。“高素养”教师首先应具备一般教师所具有的素质，同时“高素养”教师积极参与教育科研工作，在实践中进行研究和探索。“高素养”教师具有求知欲、主观能动性和自学愿望，有合理的工作方式，有演绎、归纳和类比的能力，具有创造新知识的能力：在进行一项活动时具有确定其不同阶段所必须遵循的逻辑顺序的能力；有形成和修改假设、拟定观察计划或实验计划以及理出事实与现象之间联系的能力；对收集到的数据材料能够加以处理，使之系统化，并且予以说明，从而得出结论的能力；有独自作出具有科学根据的决定的能力；有清楚、准确、简洁的表达能力。

“高素养”教师与一般教师最大的不同在于：“高素养”教师必须掌握一定的从事科学研究的知识和方法，具备一定的科学研究能力和创造新知识的能力，即他们必须具备一定的科研素质。只有教师科研素质的提高，才会有科研质量的提升，才会有教学质量的提高，教学活动才能真正显出旺盛的生命力。此外，“高素养”教师也应该具有开拓进取精神、创新精神、创新能力，能够把学生引领到前沿，把创新知识

传授给学生，给学生提供更好的发挥平台。主要是通过教师的学识、知识面的宽度、个性教学法、创新教材等，延伸教学方法，拓展学生的知识面，培养和提高大学生的由学习能力、运用能力、判断能力、整合能力、创造能力等构成的综合能力。

（二）建立科学的评价体系

我国现行的以考试为主的教学评价制度，是与我国传统的以知识传承为主的教育理念和教育体系相适应的。这种考评制度存在很多弊端，例如重视理论知识的掌握，轻视实践能力的培养；重视整齐划一的规范教育，轻视个体能力的培养；等等。因此，要打破传统的人才评价和教育评价标准，建立有利于培养大学生创新能力和创新教学的评价体系。

1. 树立以学生全面发展为本的新的评价观念

评价是教育管理中实施调控的特殊手段，是教育管理的重要环节。要改变我国现行教学评价制度不利于大学生创新能力培养、不利于学生全面发展、不利于创新教育发展的现状，就要破除以教师传授知识为中心的教育观念，树立以学生自主学习为中心和学生全面发展为目标的新的评价观念。而学生全面发展的一个重要素质就是学生具备创新能力。只有树立以培养学生创新能力为主的、以学生全面发展为目标的教学评价体系，才能使大学生培养和高校教育朝着正确的方向发展。

2. 建立多元化的评价标准和手段

教师的教学要为学生的发展服务，要以社会主义核心价值观为指导建立以学生的全面发展为本的多元化的学生评价标准和手段。

首先，要建立与之相适应的多元化的教师评价标准和手段。例如，对教师的评价不能简单划一地以学生的考试通过率、学生参赛获奖情况等最终结果作为教学评价标准。不仅要考查教师传授知识情况，还要把教师在教学中为创新教学而想的新点子、为激发学生的创新潜能而做的新工作，以及教师的理论创新、科研创新的能力和成果，都纳入教师评价体系中，重结果，更重过程，形成多元化的、科学合理的教师评价标准和体系。

其次，要建立多元化的学生评价标准和体系。在评价中既要考查学生对知识的掌握情况，又要考查学生对知识的灵活运用和创造性解决问题的实践能力。适当减少机械记忆的考试内容，增加探讨性问题和综合分析题，让学生养成主观能动地深入思考和创新的习惯。同时，评分标准要灵活，不唯书、不唯师，在一定范围内给学生留有思维创新和灵活发挥的余地。另外，还可以采取弹性考试制度。学生可根据自身的学习能力和实际情况来定位适合自己的发展目标，相对自主地选择学习内容和指导教师，相对自主地安排学习进程和选择专业方向，相对自主地选择修业方式和修业年限。鼓励和支持自学能力较强的学生提前申请考试，为他们有充裕的时间进行课堂以外的创新活动提供条件；允许在创新和创业关键时期的学生延期考试，支持和帮助他们平衡学业和创新、创业活动，保护他们的创新欲望和创业积极性。总之，学生的创新和创业活动都将纳入多元化的评价体系中，可以使评价体系更科学、更完善。

（三）营造校园创新氛围

作为培育学生的重要场所，每一个学校，都要爱护和培养学生的好奇心、求知欲，帮助学生自主学习、独立思考，保护学生的探索精神、创新精神，营造崇尚真知、追求真理的氛围，为学生的禀赋和潜能充分开发创造一种宽松的环境。大学生创新能力的培养同样如此，需要高校为学生营造良好的创新氛围。

1. 营造民主平等的教学氛围

创新需要民主的环境。有自由讨论的空间，才能激发学生自身的创造性；有自由的学习环境，才能更好地培育学生的创新能力。因此，教学活动应建立在学生自主活动、自主探索的基础上，同时注重自由、宽松、民主、平等氛围的营造，使学生主动参与创新活动，体验探索，思考问题，感受成功。师者，传道授业解惑也。新时代的高校教育工作者，不仅要传道，更要授业解惑，教会学生怎样学习，教会学生发现问题、分析问题和解决问题的思维和方法，发展其创新的综合能力。因此，要改变传统教学中“师道尊严”循规蹈矩的刻板态度，多采用宽松开放的启发式教学方法，尊重学生的思想、情感和行为方式，鼓励学生积极思考、大胆质疑，允许学生“异想天开”，重视学生在学习过程中的实际需要，调动他们的主动性和能动性，留给学生一些自主学习和思考的空间，为学生提供生动活泼、利于创新的环境，使师生的教与学形成一种自由、平等的互动交流，碰撞出智慧的火花，促进大学生创新能力的开发和培养。

2. 营造自由平等的学术氛围

从某种意义上来说，大学的真谛就是“学术自由，追求真理”。真理是相对的，所以倡导学术自由是我们的必由之路。自由平等的学术氛围对大学生创新能力的培养及学术的蓬勃发展都是相当重要的。没有自由平等的学术氛围，就没有一流的学术水平，就不可能有创新，培养创新人才也就无从谈起。因此，高校要努力营造自由平等、开放进取、积极合作的良好学术氛围，鼓励各层次的创新者坚持自己的学术观点，敢于挑战权威，凭“百花齐放”，任“百家争鸣”；高校要经常举办形式多样的学术交流活动，如举行社团活动、举办科技文化创新活动、开展学术讲座等，营造良好的学术研究和交流的环境，使学生在自由平等的学术氛围中深刻认识到创新的必要性和重要性、创新的价值、创新能力培养的重要性，挖掘和发展自己的创新潜能。

第五章　当代大学生社会主义核心价值观培育的总体思路

第一节　当代大学生社会主义核心价值观培育的基本目标

一、目标确立的依据与功能

（一）目标确立的依据

社会主义核心价值观教育确立的目标，是对社会存在的客观反映，是随着社会发展变化不断调整的，是不以人的主观意志为转移的。社会主义核心价值观教育目标的确立是各种因素综合作用的结果。在此，我们主要从立足中国国情、满足教育需求两个层面进行阐述。

1. 立足中国国情

当前处于并将长期处于社会主义初级阶段，是我国最大的国情。中国特色社会主义的发展进入新时代，我国社会主要矛盾已经转化为人民日益增长的美好生活需要和不平衡不充分的发展之间的矛盾。而主要矛盾决定着主要任务。社会生产力是推动社会发展的根本性因素，生产力的发展使人们对于物质文化的需求，以及物质文化水平的提升提出了更高要求。因此，社会主义核心价值观教育受社会主要矛盾的制约，从根本上讲，是受社会生产力发展水平的制约。

中国共产党作为执政党，其最终目标影响并决定着社会主义核心价值观教育的目标，中国共产党将实现共产主义作为最终目标，社会主义核心价值观教育目标应与此相一致。

中国共产党在不同历史时期，设定的主要的、具体的奋斗目标是不同的。党的十九大根据新的发展形势和时代要求，既明确要全面建成小康社会、实现第一个百年奋斗目标，又提出乘势而上开启全面建设社会主义现代化国家新征程，向第二个百年奋斗目标进军。社会主义核心价值观教育目标与此相一致，并且依据这一奋斗目标，设立不同阶段的具体目标。离开中国共产党总的、主要的奋斗目标，社会主义核心价值观教育目标就没有依据，甚至迷失方向。

2. 满足教育需求

个人在成长过程中，有着源源不断的教育需求，包括知识理论学习的需求、道德修养提升的需求、社会实践成长的需求等。社会主义核心价值观教育是顺应人们的教育需求，社会主义核心价值观教育目标的设定需要综合考虑人们各方面的需求，并根据不同类型与不同层次的人的需求设定具体教育目标。只有这样，社会主义核心价值观教育才能为更广泛的人群接受，产生良好的教育效果。

确定社会主义核心价值观教育目标，应当考虑受教育者的实际情况，这是社会主义核心价值观教育具体目标确立的基本依据。在实际生活中，教育对象依据不同的划分标准可归为不同类型，从居住地域、职业、年龄、文化程度等，可分为不同的类别；更细致的划分体现为，在同一工作性质中，按照思想觉悟、工作能力、道德素养等标准，划分为不同层次。因此，在针对特定群体设定社会主义核心价值观教育目标时，应当全面把握受教育群体的实际情况，在此基础上设定目标，防止教育目标过高或过低。

在社会主义核心价值观教育总目标的指引下，受教育者的思想层次不同决定着社会主义核心价值观教育目标应具有层次性。例如，小学生的社会主义核心价值观教育目标应当区别于大学生社会主义核心价值观教育目标。在实际设定目标的过程中，应当避免出现唯总目标是从的现象。仅仅依据总目标，忽略了教育对象的特殊性，这样教育具体目标的设立是没有意义的。

两个方面的依据是相互联系，缺一不可的。前一个体现宏观环境的需求，后一个体现微观环境的需求，在设定社会主义核心价值观教育目标时，应当结合宏观环境与微观环境，设定符合客观实际的社会主义核心价值观教育的目标。

（二）目标确立的功能

1. 目标指明方向

“在社会历史领域内进行活动的，是具有意识的，经过思虑或凭激情行动的、追求某种目的的人；任何事情的发生都不是没有自觉的意图，没有预期的目的的。”[①]在社会发展过程中，在做任何事情之前，应当具有明确的目标，并为人们的实践活动指明方向，提供动力。社会主义核心价值观教育作为实践活动，也不例外，是具有目标的，它的实践方向、实践内容、实践方法等都是由其目标所决定的。社会主义核心价值观教育的根本目标在于促进人们的思想、行为与社会发展方向相一致。也就是说促进人们的全面发展，为实现共产主义、实现“两个一百年”奋斗目标、实现中华民族伟大复兴的“中国梦”不断努力，这就为社会主义核心价值观教育各项工作指明了方向。社会主义核心价值观教育的各层次目标、各具体任务、实践方式等必须与这个大方向相一致，保证社会主义核心价值观教育朝着

①马克思，恩格斯．马克思恩格斯选集（第 4 卷）[M]. 北京：人民出版社，2012:253.

实现共产主义的方向努力。

2. 目标提供动力

社会主义核心价值观教育是在教育主体、教育中介、教育环境等要素共同作用下构成的实践系统。教育主体主要包含教育者与受教育者，他们相互影响、共同发展。教育主体积极与否，影响着社会主义核心价值观教育的效果。社会主义核心价值观教育目标的动力作用体现为根本目标的动力作用与具体目标的动力作用：根本目标的动力作用主要体现为总方向的把握与引领；具体目标的动力作用体现为具体目标的实现与重置。具体目标往往具有阶段性，同时也具有局限性：一方面，在各方共同参与下进行社会主义核心价值观教育实践，达到社会主义核心价值观教育阶段性目标，这本身是对教育成效的一种肯定；另一方面，在上一阶段目标实现的基础上，设定下一阶段的目标，也是对社会主义核心价值观教育本身的一种挑战，使不断解决新的问题与面临新的挑战转化成教育实践的动力。具体说来，社会主义核心价值观教育的各种因素的转变具有激励作用。例如，对于教育者来说，根本目标的存在与具体目标的不断重设促进教育者能力的提升；对于受教育者来说，教育目标即对受教育者的各方面素质特别是理想信念、理论知识的要求，对于受教育者具有引导与提升的作用；对于教育载体来说，教育目标的存在与重置决定着教育载体的更换与创新，对教育载体的创新发展具有促进作用。

3. 目标提供依据

社会主义核心价值观教育目标是衡量社会主义核心价值观教育成效的基本尺度，开展社会主义核心价值观教育是为了实现一定的目标。判断社会主义核心价值观教育是否具有成效或者成效如何，其依据就在于社会主义核心价值观教育目标。是否有效的判断标准在于：有助于实现社会主义核心价值观教育目标的活动即为有效的，反之则为无效的。判断成效大小的标准在于：受教育者在教育过程中的学习成长的变化幅度，如果全体受教育者表现为理想信念坚定、道德素养提高、爱国主义情感浓厚等，即教育成效良好；反之则教育成效较差。社会主义核心价值观教育目标是社会发展的要求与教育主体发展需求的产物，目标的完成情况反映着社会发展与个人需求的满足程度，所以将社会主义核心价值观教育目标作为相应依据是符合实际的。

二、大学生社会主义核心价值观培育的基本目标

（一）培育大学生的爱国主义情怀

1.“爱国”在社会主义核心价值观的地位

“爱国”是社会主义核心价值观的核心部分，是每一个公民应尽的义务和责任。历史一次又一次向我们证明，热爱祖国自古以来就是凝聚全国各族人民力量的核心要素和首要价值观。“爱国”是公民的一项基本义务和传统美德，它具有鲜明的时代特性。现阶段，热爱祖国不仅表现为对祖国山河、历史、文化的深切热爱，也意味着把对祖国的深切热爱具体融入建设“富强、民主、文明、和谐的社会主义现代化国家”的伟大历史实践当中去。在实现中华民族伟大复兴的历程中，一直把“爱国”作为核心价值观，贯穿民族复兴的历史全进程中，才能不断增强各族民众对祖国、对民族、对文化、对中国特色社会主义道路的认同，朝着“富强、民主、文明、和谐”的共同理想迈进。爱国主义是一个古老又常新的话题，它体现了人们对自己祖国的深厚情感，反映了个人与祖国的相互依存，体现了

人们对祖国以及民族和文化强烈的归属感、认同感、尊严感与荣誉感的统一。不同时期爱国主义会被赋予不同的时代内涵，爱国主义不仅是社会主义核心价值观的首要原则、重要基础和先决条件，也是培育和践行当代社会主义核心价值观的不竭精神动力。每一个民族、每一个国家都有自己的爱国精神和民族传统，只要国家还存在，爱国主义都始终是激励和凝聚全体民众为本民族繁荣昌盛、团结富强而奋斗的巨大推动力。

2. 培育大学生爱国主义情怀具有重要意义

（1）经济全球化的发展要求实行爱国主义教育

在经济全球化背景下，科学技术的发展和利用、商品的销售、资本的流动、信息的共享都跨越了国界，在世界范围内流通、共享。各国在经济交往中需要遵循共同规则，跨国公司本土化的程度不断提高，不仅利用当地自然资源，而且还充分利用当地的人力资源。这就使得各国公民在世界范围内流动，一个国家的公民可能生活在自己的国家，但是为别国企业工作，受别国的文化影响；甚至完全生活在另一个国家，并对身处的国家产生一定的感情。这种情况在一定程度上冲击着人们对于民族身份的界定，有的人误认为现在已经是“世界大同”“世界一家”，民族国家的框架被打破，甚至认为爱国主义在今天已经过时了。西方的一些不怀好意的理论家更是以此为借口，对民族利益和国家主权进行否定，反对发展中国家进行爱国主义教育。在此背景下，爱国主义教育便成为大学生社会主义核心价值观教育的一个重要课题。

近年来的社会实践表明，在经济全球化条件下，国家仍然是民族存在的最高组织形式，是国际社会活动中的独立主体。国家既保护着祖国的整体利益，也保护着国家每一个公民的利益。如随着国际贸易活动的普及，许多国内的企业都与国外的企业开展各种合作，但出于种种原因，合作过程中总是免不了出现各种争端，当国内企业通过各种途径努力解决这些问题时，国家就是他们的坚强后盾。由此可见，只要国家继续存在，爱国主义就有其坚实的基础和丰富的意义。我们在参与经济全球化的过程中，必须坚定地捍卫自己国家的利益，这就更需要爱国主义的支撑。

（2）有助于实现中华民族的伟大复兴

实现中华民族的伟大复兴是每一个中国人的梦想，这一梦想的实现不仅需要强大的物质支持，更离不开爱国主义精神力量的指引。爱国主义是中华民族精神的核心，是人们忠诚、热爱、报效祖国、热爱国家和民族、推动历史发展的强大精神力量，也是调节个人与国家民族关系的道德要求、政治原则和法律规范。爱国主义是人们对自己故土家园、民族和文化的归属感、认同感、尊严感与荣誉感的统一，表达了人们对祖国的深厚感情。

中华民族是富有爱国主义传统的伟大民族，在以爱国主义为核心的民族精神鼓舞下，中华民族不仅在社会发展和进步过程中创造了辉煌的中华文明，而且在为维护民族尊严而进行的英勇斗争中铸就了具有强大凝聚力和生命力的民族精神。今天，在建设中国特色社会主义、实现中华民族伟大复兴的征程中，只有在以爱国主义为核心的民族精神和以改革创新为核心的时代精神的指引下，才能形成全民族的强大凝聚力和振兴中华的强大精神动力，团结一切可以团结的力量，调动一切可以调动的积极因素，同心同德，为实现中华民族的伟大复兴而共同奋斗。

（二）培育大学生服务社会的品质

1. 服务社会既是目标，也是途径

长久以来，教学、科研与社会服务是现代大学的三大职能，学校应把科学方面的研究与社会提供的服务紧密结合起来，尤其强调大学应该具有积极主动为社会提供服务的办学思想。这一观点来源于西方著名的“威斯康星思想”。的确，学校之所以培养人才和进行多种科学研究，目的就是要为社会服务、为现实服务；通过服务社会将学校培养人才的社会价值真正体现出来，同时也为科学研究提供各种各样的研究材料。因此，这三者的关系可以说是相互联系、相互影响。现如今，大学生志愿服务作为人才培养的重要方法，也是他们践行社会服务职能的一种重要形式和渠道。根据这个观点，国外很多高校都正在努力把为社会服务与培养大学生成才成人和促进就业相结合。服务社会对于学生改变就业观念、形成集体合作精神、培养组织领导能力、形成并提高自己的专业能力、培养创新能力、培养对该方面专业的兴趣、锻炼社会交流能力等都有很大的影响。当下，国家也正为把大学生服务社会放在一个不同的、有潜力的、有目的的、新的层次而作出努力，同时也在为促进社会服务型人才教育与促进社会各方面积极发展提供较为广阔的空间、充足的时间和合理的理论指导。

2. 服务社会是社会主义核心价值观外化于行的重要表现

（1）大学生服务社会活动具有社会价值导向作用

我国大学生思想政治教育的本质就是实现和坚持中国特色社会主义意识形态在高校思想政治教育中的主导地位。社会主义核心价值观的教育在当前大学生思想政治教育过程中占有相当重要的地位，诠释了“大学生思想政治教育能

够为社会‘培养什么人’”这个关键性问题。这项思想教育工作很好地引导了大学生把服务他人和服务社会与实现人生价值有机结合起来，这样更有利于学校宣传、弘扬“以爱国主义为核心的民族精神和以改革开放为核心的时代精神，树立伟大的中国特色社会主义共同理想”，响应党的号召，这样才更能够营造和谐社会，宣传“爱国、敬业、诚信、友善”的价值观。所以，各大高校要加大力度把大学生这一群体培育成优秀的社会风尚示范者、社会主义核心价值观和社会主义荣辱观的忠诚践行者。

（2）服务社会的价值外化作用

中国特色社会主义核心价值观不仅应该内化于心，更应该外化为每个人的实际行动，从一点一滴更好地体现出它的强大精神动力和生命力，形成广泛的价值共识、追求，引领社会思潮。我党一贯坚持让人才从伟大的社会实践中得到锻炼和培养的优良传统和教育方针，大学生服务社会正是这一方针和传统的体现。多年来大学生服务社会的实践活动更进一步说明，其本身在大学生的教育、引导、培养和塑造的过程产生了巨大的价值，既完善和优化了大学生的知识储备和结构，使其能够更好地作出利于人民的正确的价值判断和价值选择；又有利于大学生在实践过程中认识社会、了解社会、服务社会，充分激发大学生服务社会、奉献社会的激情与活力，切合了将大学生培养成为良好社会风尚的优秀示范者、社会主义荣辱观和社会主义核心价值体系建设的忠诚践行者的人才培养目标要求。

3. 用专业支撑服务社会的基础

一方面，青年大学生肩负中华民族伟大复兴的责任和义务，所以要储备好将来报效祖国的本领，树立为人民服务的理念，将为人民服务作为一种习惯，使其成为一种人生态度，通过积极参加各类志愿服务工作，努力实现自身的价值。同时，更要勇于承担社会责任，用自己的行为诠释青年对社会的责任。另一方面，大学生服务意识的理论内化还需要一个漫长的过程，在这个过程中，实践是促使该理论运作的助推器。要想争取最佳工作效果，并使学生通过实践服务社会，进一步扩大和加深与社会的接触，更清楚地认识到自身的价值和作用，体会服务的苦与乐，学校就要在实践中给学生以各方面的具体的指导，教师要在学生日常实践的工作中压担子，在方法上想路子，敦促、帮助学生开展服务社会实践活动。与此同时，学生们也将深刻感悟到个人与社会无法割开，社会的发展带动个人的进步与发展，个人只有在为他人、为社会提供服务的过程中，才能不断取得进步。

（三）促进大学生的个人成长

1. 有助于抵制和消解西方价值的渗透与影响

通过培育大学生社会主义核心价值观，能够抵制和消解西方价值的渗透与影响，营造适宜大学生形成科学价值观的良好环境。社会主义核心价值观本质上是我国国家制度及其运作模式赖以立足、借以扩展、得以持续的有力支撑，是国家意识形态“软实力”的重要内核之一。它奠定了我国国家制度的道义基础，构成了我国社会主义制度合法性的依据，决定了我国作为文明大国的国家形象。在经济、信息全球化的今天，各国之间的文化价值也在相互渗透和影响。虽然多元化是一个必然的趋势，但必须站在与国家意识形态相一致的基础上。一方面，西方国家的价值观中虽然有值得学习和借鉴的地方，但渗透到我国的价值观却多是消极的，比如个人主义、功利主义等。另一方面，一些别有用心的西方国家在借助价值观渗透的手段影响他国的发展。作为国家未来栋梁的当代大学生，如果受到西方消极价值观的渗透和影响，势必会影响个人的发展，也会对我国未来的发展造成影响。所以，通过在大学阶段培育学生的社会主义核心价值观，便可以有效抵消西方价值观的消极影响，从而使学生在一个良好的环境中成长。

2. 有助于大学生全面理解和传承中华优秀传统文化

中华文化源远流长、博大精深，经过上下五千年的文化积淀的瑰宝应该得到很好的继承和发展。2013 年 3 月 1 日，习近平总书记在中央党校建校 80 周年庆祝大会上的讲话中指出："中国传统文化博大精深，学习和掌握其中的各种思想精华，对树立正确的世界观、人生观、价值观很有益处。"例如古人所说的"先天下之忧而忧，后天下之乐而乐"的政治抱负；"位卑未敢忘忧国""苟利国家生死以，岂因祸福避趋之"的报国情怀；"富贵不能淫，贫贱不能移，威武不能屈"的浩然正气；"人生自古谁无死，留取丹心照汗青""鞠躬尽瘁，死而后已"的献身精神……另外，还有中华文化强调的"民为邦本""天人合一""和而不同"；强调"天行健，君子以自强不息""大道之行也，天下为公"；强调"天下兴亡，匹夫有责"，主张以德治国、以文化人；强调"君子喻于义""君子坦荡荡""君子义以为质"；强调"言必信，行必果""人而无信，不知其可也"；强调"德不孤，必有邻""仁者爱人""与人为善""己所不欲，勿施于人""出入相友，守望相助""老吾老以及人之老，幼吾幼以及人之幼""扶贫济困""不患寡而患不均"，如此等等。像这样的思想和理念，不论过去还是现在，都有其鲜明的民族特色，都有其时代价值。社会主义核心价值观充分吸收了中华民族传统文化的这些精华。学习和践行社会主义核心价值观，能够在一定程度上促进学生理解和传承这些优秀的文化传统。

3. 有助于大学生形成正确的人生价值观

社会主义核心价值观作为科学的价值观体系，既包含正确人生价值观的基本要求，也是形成正确人生价值观的思想认识基础。人生价值观反映人们对人生目的、意义和道路选择的根本看法和态度，决定着人们的人生价值，一般通过如何看待国家和社会、职业和事业、他人与自我的关系表现出来。大学生持有什么样的人生价值观，就会走什么样的人生道路，追求和实现什么样的人生价值。社会主义核心价值观的三个“倡导”，即富强、民主、文明、和谐，自由、平等、公正、法治，爱国、敬业、诚信、友善，在国家、社会、个人三个层面涉及每个人对于人生目标和人生道路的追求，以及人生态度的选择。这既是我们社会必须推行的主导价值观，也是我们每个人应当奉行的人生价值观。大学生学习和践行社会主义核心价值观的过程，也就是确立正确的人生价值观的过程。这将会在根本上影响我们每一位大学生今后的人生发展和价值实现。

第二节　当代大学生社会主义核心价值观培育的体系

中共十八大报告强调：“倡导富强、民主、文明、和谐，倡导自由、平等、公正、法治，倡导爱国、敬业、诚信、友善，积极培育和践行社会主义核心价值观。”中共十八大报告用 24 个字，分别从国家、社会、公民三个层面，提出了反映现阶段全国人民“最大公约数”的社会主义核心价值观。富强、民主、文明、和谐是国家层面的价值目标，自由、平等、公正、法治是社会层面的价值取向，爱国、敬业、诚信、友善是公民个人层面的价值准则。也正是国家、社会、公民这三个层面，构成了当代大学生社会主义核心价值观培育的基本体系。

一、国家层面的核心价值观

以“富强、民主、文明、和谐”作为社会主义核心价值观层面价值标准，是中国特色社会主义实现社会主义市场经济、社会主义民主政治、社会主义先进文化、社会主义和谐社会和社会主义生态文明“五位一体”发展战略目标的必然要求。引导大学生认识和践行国家层面的价值目标，就是要让大学生明白，“富强、民主、文明、和谐”等价值观一方面吸收了古今中外的优秀思想精华，另一方面，它们又带有鲜明的社会主义性质，与古代中国和西方资本主义社会所提倡的国家价值目标有着本质的区别。

（一）深入认识社会主义富强观

“富强”包含着国家的强大和人民的富裕双重含义，这两者之间具有不可分割的辩证关系。

一方面，国家的独立和稳定是人民幸福安康的基础和保障。经济的发展、人民生活的富足，离不开稳定宽松的环境。新中国成立，实现了民族独立和人民解放，为人民生活的稳定、安康奠定了政治前提；社会主义基本制度的确立，尤其是以公有制为主体的社会主义经济制度的建立，为人民富裕提供了制度保障；完整的工业体系和国民经济体系以及在落后国家进行社会主义建设的实践为人民的富裕提供了物质保障。党的十一届三中全会以来，坚持改革开放、与时俱进，以经济建设为中心，开创和完善了社会主义市场经济体制，推动经济持续快速增长，人民生活发生质的提升。消除贫困、改善生活、政治稳定、经济发展、社会和谐的局面已经形成，现代化建设取得了重大成就。一个生机盎然的社会主义中国巍然屹立在世界的东方。国家的稳定和日趋强大是中国人民富裕安康的政治环境保障。

另一方面，人民的富裕安康为国家的强大注入新的活力。人民是社会主义的实践主体和价值主体。坚持为了人民、依靠人民，诚心诚意为人民谋利益，是中国共产党取得革命和建设胜利的根本；只有尊重人民智慧和力量，保持与人民的密切联系，才能使社会主义改革开放事业顺利发展；深入落实科学发展观，积极构建社会主义和谐社会，加快社会事业发展，尤其注重与人民生活息息相关的民生事业发展，着力发展教育事业、扩大社会就业、深化收入分配制度改革、建立社会保障体系、提高全民健康水平，提高人民的生活水平和幸福指数。人民生活富裕安康，将极大地调动其投身于社会主义改革开放事业的主动性、积极性和创造性，从而带来社会财富的迅速增长和综合国力的提升，推动国家进一步走向富裕强大。民富与国强相互依存、相互促进、相辅相成。国家稳定强大为人民富裕提供根本保障，没有国家的独立和强大，人民不可能享有幸福安康的生活；人民的富裕为国家的强大提供重要的人力、智力保障，只有凝聚人心、集中民智、调动人民的创造力，才能为国家的发展和繁荣提供不竭的动力。这是大学生需要认识到的富强观的深刻内涵。

此外，社会主义的富强观与资本主义的富强理念有着本质区别，这种区别体现在：社会主义的富强是以人民为主体，以共同富裕为目的；而资本主义富强则以资产阶级为主体，目的是实现资本家的暴富。作为社会主义国家，社会主义的本质就是解放生产力，发展生产力，消灭剥削，消除两极分化，最终达到共同富裕。从这一层面来看，引导大学生认知社会主义富强观，不仅要向他们宣传解读社会主义富强理念的深刻内涵，而且要让他们深刻认识到社会主义富强观与资本主义富强观存在的根本区别，从而坚定中国特色社会主义信念。

（二）正确认识社会主义民主观

民主一词，可以追溯到古希腊社会。在古希腊文中，民主即"Demokratia"，这个词由"demos"和"cratos"构成，前者既指全体公民，又是雅典基层行政单位名称，后者则是指主权或掌管之义，这两个部分结合起来就是"人民民主"。[①]在古希腊学者看来，雅典的政治制度之所以是民主制度，主要是因为政权不是掌握在少数人手里，而是掌握在多数人手里。

可见，民主的本意就在于人民拥有一切政治权利，它是西方传统文化的精华之一。社会主义社会在革命和建设的过程中，也应当积极吸收西方传统思想的精髓，用以发展社会主义社会的民主政治制度。列宁指出，社会主义民主包括两个层面的内涵：一是指社会主义革命胜利前，无产阶级要进行争取民主的斗争；二是社会主义革命胜利后，通过民主保障社会主义的胜利果实。中国共产党继承了列宁的民主思想，并在新的时代背景对其加以创新和发展。从某种意义上说，人民民主是社会主义的生命，人民当家作主是社会主义民主政治的本质和核心。没有民主就没有社会主义，也就不可能有社会主义现代化。

当今社会，资本主义民主和社会主义民主是最为重要的

①齐世荣，杨共乐，彭小瑜．世界史古代卷 [M]. 北京：高等教育出版社，2006:156.

两种民主形态。我们看到，在文化多样化境遇下，西方资本主义社会凭借着强大的经济势力，到处推广他们的民主观念和民主制度，在一定程度上模糊了一部分人的政治思想。因此，我们应当着力揭示社会主义民主观与资本主义民主观所存在的本质区别。一般而言，在剥削阶级占统治地位的国家里，民主常常是统治阶级内部的民主，资本主义社会也如此。列宁曾深刻揭示资产阶级民主的实质，他认为，资产阶级的民主是把重心放在冠冕堂皇地宣布各种自由和权利上，而实际上却不让大多数居民即工人和农民稍微充分地享受这些自由和权利。即使在形式上，资产阶级民主制度也存在明显的缺陷。对此，美国学者道格拉斯凯尔纳曾指出，资本主义社会的代议民主制直接把民主和选举等同起来，由此导致了脆弱的民主，因为“保守势力依靠其财富和权势就可轻易操纵选举过程”①。

前文指出，我国少部分大学生由于受西方社会思潮的影响，在一定程度上模糊了社会主义和资本主义的本质，甚至认为社会主义会逐渐与资本主义趋同。这提醒我们，引导大学生认识和践行社会主义民主观，一定要向他们说明：我国是工人阶级领导的、以工农联盟为基础的人民民主专政的社会主义国家，我们的民主只能是社会主义民主或称人民民主，而不是资产阶级的个人主义的民主。我们需要在这一认识的前提下，借鉴人类政治文明有益成果，而不是照搬西方政治制度模式。

（三）牢牢把握社会主义文明观

文明是指人类所创造的财富的总和，这里的财富特指

①俞可平．全球化时代的“马克思主义” 九十年代国外马克思主义新论选编 [M]. 北京：中央编译出版社 ,1998:34.

精神财富。最初，“文明”的观点是由18世纪法国思想家针对“野蛮状态”而提出来的。英文中的“文明”出自拉丁文“Civis”，意指“公民的”“组织的”。文明一词所描述的是国家和社会的开化程度和进步状况。“文明”作为社会主义核心价值观的主要内容之一，是当代社会发展的必然要求，它体现了中国人民的整体利益和共同价值诉求。促进先进文化的发展、加快精神文明建设必须坚持科学社会主义的基本原则。

其一，坚持马克思主义指导地位。精神文化属于社会的上层建筑，具有鲜明的意识形态性。社会主义国家和中国共产党的性质决定了马克思主义是我国社会主义的立党立国之本，是社会主义先进文化的旗帜和灵魂，决定着文化的性质和方向。在精神文明建设的指导思想问题上具有排他性，不能搞多元化。要善于运用马克思主义的世界观和方法论研究和解决文化创新面临的新问题和新情况，并坚持把马克思主义中国化的新成果用来统领文化创新，使马克思主义成为指导文化建设的理论基础和行动指南。当然，指导思想的一元化并不意味着文化的单一化、单调化，而是要坚持一元与多样的辩证统一。我们党提倡“百花齐放、百家争鸣”的文化方针，倡导学术和艺术的切磋和讨论，允许不同观点的争论和砥砺，提倡学术和科学的探索和创新，追求丰富多彩的、百姓喜闻乐见的文化形式。在文化建设问题上坚持唯物辩证的一元和多样的统一，指导思想的一元性是为了保障文化的社会主义性质和社会主义发展方向，文化形式和具体观点中的多样性是为了繁荣社会主义文化，两者相辅相成、不可缺失和偏废任何一方，避免文化建设中的教条主义和自由主义的倾向。

其二，坚持文化为人民服务、为社会主义服务。社会主义文化的宗旨是为人民服务。同时，在社会主义国家，人民的事业就是社会主义事业。作为上层建筑的文化服务于人民的过程就是服务于社会主义事业的过程、服务于社会经济基础的过程。党在实践中，指明了文化的方向，坚持文化要为人民服务、为社会主义服务。两者的本质是相通的，一方面，突出了社会主义文化的主体，人民是文化的创造者又是受益者，强调文化与广大人民的血肉联系；另一方面，突出文化所包含的内容，必须来源于火热的社会主义实践，又密切服务于社会主义实践。为人民服务、为社会主义服务，指明了社会主义文化的发展方向，阐明了文化建设的主体和包含着时代特点的核心内容，指明了文化的社会主义性质。大学生社会主义文明观的培育，就是要让学生在坚持上述原则的基础上，牢牢把握社会主义文明观的价值及内涵。

（四）深刻理解社会主义和谐观

和谐价值观是对我国传统文化中的“中和”理念的扬弃和发展，它反映了我们高度的文化自觉和文化自信。从主体构成的角度看，和谐社会其实囊括了人与自然、人与社会以及个体与自身的和谐关系。

其一，人与自然相和谐。对于人与自然的关系，恩格斯曾指出，人们必须时刻记住，“我们决不像征服者统治异族人那样支配自然界，决不像站在自然界之外的人似的去支配自然界。相反，我们连同我们的血、肉和头脑都是属于自然界和存在于自然界之中的”①。可见，人与自然之间并不存在必然的冲突。相反，自然界为人类生存和发展提供了最基

①韦建桦．马克思恩格斯文集（第 9 卷）[M]．北京：人民出版社，2009:560.

本的物质前提。人与自然的和谐体现了生态文明建设的核心价值取向。

其二，人与社会相和谐。随着改革开放的进一步深化，社会经济、政治体制等方面在改革中不断完善和发展，人们的思想观念也发生了十分深刻的变化。与此同时，这些改革和发展变化给社会发展带来了一些问题，比如城乡区域发展差距和居民收入分配差距依然较大，社会矛盾明显增多等问题。因而，在坚持以经济建设为中心的同时，应当把构建社会主义和谐社会摆在更加突出的地位。

其三，人与自身相和谐。改革开放以来，经济的快速发展极大地改善了人们的物质生活。与此同时，社会上却也出现了一些影响个人身心和谐发展的价值观偏斜的问题。这些问题表现在：人欲横流、金钱至上、个人主义盛行，等等。从根本上看，这些问题是由人们没有正确处理精神追求与物质享受的关系所致。简单地说，过分的物质追逐掩盖了基本的精神需求，过于注重一己之利而忽视了社会的良性发展。

通过社会主义和谐观的培育，让大学生从上述三个层面理解和谐的内涵，减少社会不和谐因素，不断促进社会的公平正义，促进人与人之间、人与社会之间、人与自然之间的和睦友好。

二、社会层面的核心价值观

“自由、平等、公正、法治”作为社会层面的价值取向，它是社会主义核心价值观的重要支柱，它在社会主义核心价值观三个层面中起到承上启下的作用，是连接国家层面价值目标和个人层面价值准则的纽带。其中自由是社会主义的价值理想，平等是社会主义制度的基本原则，公正是社会主义的基本价值取向，法治是现代社会治理的基本方式。它为更好实现国家层面的价值目标和践行个人层面的价值准则创造良好的社会环境。

（一）自由：社会主义的价值理想

“自由”不是随心所欲，不是为所欲为，而是在一定规则约束下个人意志和个人活动的自由状态以及个性的充分展现的权利。自由是最基本的权利，这种权利是每一个公民都应当拥有的。把“自由”作为社会主义核心价值观的重要部分，让大学生及广大人民群众在一系列制度的保障之下充分享受公民权利，最大限度地发挥个性是社会主义社会追求的价值目标。党的十九大报告指出，要“维护国家法制统一、尊严、权威，加强人权法治保障，保证人民依法享有广泛权利和自由”。

自新中国成立，尤其是改革开放以来，各项具体制度的改革和完善促进了公平公正的社会环境的营造，保障了人的自由发展。从经济制度上看，社会主义公有制的建立，消除了私有制，去除了社会剥削的经济基础，为实现社会的共同富裕奠定了物质基础和制度保障的同时，为社会成员从制度上也提供了根本的平等和自由，使个体获得经济独立和经济自由。从政治上看，新中国成立以来建立的各项政治制度在很大程度上都是围绕人民的平等自由的原则。人民代表大会制度保障人民行使政治权利的自由，宪法和法律保证人的人身自由、生命健康、人格尊严、言论自由、宗教信仰自由、私有财产、劳动权利、教育权利以及科学研究文学创造活动的自由等基本自由和权利。

当然，人的自由是一个不断发展的历史进程。自由是历史的范畴，也是相对的范畴。历史发展的进程和规律，揭示了随着社会生产力的发展、生产关系的革命、文明的进步，个人与人类应该是不断趋于自由的。但现实中，每个人的自由又是相对的，受法律、道德、纪律的约束和规范，还受着现阶段生产力发展、社会财富的增长分配等因素的制约。所以，人走向自由的道路还是很漫长的，需要社会主义制度的不断完善，并随着社会经济制度以及分配制度的完善、生产力的不断发展而进步和发展。

（二）平等：社会主义的基本原则

平等从内容上看包括政治、经济、文化等各个方面的平等；从主体上看包括不同社会主体之间的平等，如普通个人与普通个人之间、权力机关与个人之间、各民族之间的平等；从内涵上看包括机会平等、权利平等、结果平等。我国现实的实践是从法律制度上保证人的平等的权利。《宪法》第二十三条规定，中华人民共和国公民在法律面前一律平等。强调公民具有平等的政治权利，包括选举权与被选举权、向国家机关和个人提出批评建议权，以及申诉、检举权。同时注重人的性别平等、民族平等、地域平等的相关制度的建立和完善。宪法规定，女性在政治、经济、文化、社会以及家庭各方面享有与男子平等的权利；各民族一律平等，国家保护各少数民族的权利和权益，维护民族平等和团结。国家实施西部发展战略、城镇化发展战略等具体措施，致力于解决对于各地域、城乡之间的政治经济文化发展不平衡的问题，目的在于更好地营造公平、平等的社会环境，保障人民平等参与和平等发展的权利。

平等不是抽象的范畴，需要具体的社会环境、社会制度、社会认知以及体制规章的保证和践行。新中国成立以后，制度的保障、法律的完善，以及保障人的平等的权利方面，取得很大的进步和发展。但是，从现实状况来看，社会的平等程度还有待于大幅改善。例如，从法律上讲，每个公民达到法定年龄，都拥有平等地接受教育的权利。但在现实中，不可否认，仍然存在教育机会的不均等、教育过程的不公平、教育结果的不平衡等现象。再如，法律规定男女平等，但事实上仍然存在女性接受教育的机会与男性不同，就业中的性别歧视、工作中的不平等待遇，等等。同时，城乡之间、发达地区与不发达地区之间的不平衡也是不争的事实。因此，走向平等的路还很长。只有通过社会生产力的发展、社会主义制度的完善，尤其是关系到民生的具体体制的完善，不断推动平等的价值理念深入，建立平等公正的社会步伐才会更快。

（三）公正：社会主义的价值取向

公正强调的是“正”，强调事物的伦理性、道德性、法律性和规定性。就是根据一定社会的规定，要使每一个社会成员都能够得其所得，受其所受，报酬要与贡献相匹配，功过要与奖惩相符合。也就是说，“公正就是办事公道，平等待人，主持公平正义”。党的十九大特别强调公正，指出“必须多谋民生之利、多解民生之忧，在发展中补齐民生短板、促进社会公平公正……”“坚持人人尽责、人人享有，坚守底线、突出重点、完善制度、引导预期，完善公共服务体系，保障群众基本生活，不断满足人民日益增长的美好生活需要，不断促进社会公平正义，形成有效的社会治理、良好的社会秩序，使人民获得感、幸福感、安全感更加充实，更有保障，更可持续”。

实现社会公平正义是中国共产党人的一贯主张，是发展中国特色社会主义的重大任务。我们党在长期的实践中不断加深对公平正义的价值认知。民主革命的胜利，消灭了阶级剥削和压迫，从根本上改变了旧制度的不公正，使人民成为国家和社会的主人。新中国成立，社会主义基本制度的建立，在经济上实行公有制，政治上实现人民当家作主，在实践中对分配制度、收入制度、就业制度以及农村社会体制进行了探索，这些都为实现社会公平正义奠定了制度基础和制度保障。十一届三中全会以来，党和国家进行了一系列改革，其目标指向就是社会主义的公平正义。社会主义本质论把共同富裕作为社会主义的重要本质，目的在于揭示社会主义公平正义存在的物质基础和现实路径。进入21世纪，党对社会公平正义的认识更加深化。公平正义作为社会主义和谐社会的总目标和重要任务，被摆在更加突出的位置。坚持人民在社会中的主体地位，逐步建立和完善以权利公平、机会公平、规则公平、分配公平为主要内容的社会公平保障体系，努力营造公平的社会环境，保证人民的平等参与、平等发展权利。

公平正义不是抽象的概念，而是始终与人民切身利益紧密相连的重要原则，需要通过各项制度和政策使之贯彻落实到具体的社会实践之中。制度是社会公平正义的根本保证。因此，必须加紧建设对保障社会公平正义具有重大作用的制度。完善民主权利保障制度，使之制度化、规范化、程序化，巩固人民政治地位，保障人民民主权利；推进法治，坚持在法律面前人人平等，尊重和保障人权、依法保护公民的权利和自由；健全公共财政制度，加强宏观调控，优化资源配置，扭转城乡之间、区域之间经济发展差距扩大的态势，促进共同富裕；改革收入分配制度，形成合理有序的收入分配格局，缓解社会成员之间收入分配差距扩大；完善社会保障制度，保障人民生活。使社会成员在分享改革开放成果中体会“公平”的价值原则，并通过制度的完善，推动公平、公正的价值理念的深入化与实践化。

（四）法治：社会主义治理的方式

“法治”是相对于“人治”来说的，是指根据法律的规章制度处理社会上的大小事宜，所有公民都应当依靠法律的强制性与权威性约束自己的思想行为。纵观人类历史发展进程，若要彻底地实现人类自由、社会平等、分配公正，必须凭借国家的依法治理。党的十九大报告中多次提到“法治”，如“明确全面推进依法治国总目标是建设中国特色社会主义法治体系、建设社会主义法治国家”，“坚持党的领导、人民当家做主、依法治国有机统一是社会主义政治发展的必然要求”，“全面依法治国是中国特色社会主义的本质要求和重要保障。必须把党的领导贯彻落实到依法治国全过程和各方面，坚定不移走中国特色社会主义法治道路，完善以宪法为核心的中国特色社会主义法律体系，建设中国特色社会主义法治体系，建设社会主义法治国家，发展中国特色社会主义法治理论，坚持依法治国、依法执政、依法行政共同推进，坚持法治国家、法治政府、法治社会一体建设，坚持依法治国和以德治国相结合，依法治国和依规治党有机统一，深化司法体制改革，提高全民族法治素养和道德素养”。

改革开放四十余年，立法工作不断发展，已经形成了以宪法为核心的中国特色社会主义法律体系，并成为中国特色社会主义制度体系的重要组成部分。但在具体的体制和机制方面还面临着重要的建设任务，必须加强重点领域的立法，突出适应社会主义市场经济发展需要的经济立法，以及与社会主义民主建设相关的保障人民权利、维护社会安定、促进社会全面进步的法律法规。形成科学立法的价值理念，不断研究新问题和新情况，增强法律的针对性、实效性与可操作性，发挥法律对社会经济发展的促进功能；贯彻民主立法的价值观念，社会主义国家的一切权力属于人民，立法必须走群众路线，尤其是制定与群众利益密切相关的法律法规，需要公开听取群众的意见和呼声，拓展人民有序参与立法的途径。同时，深入开展法制宣传教育，弘扬社会主义法治精神和价值观念，增强全民学习法律、运用法律、遵法守法的意识，依法保证人民的各项权利和权益。

三、个人层面的核心价值观

“爱国、敬业、诚信、友善”是公民个人层面的价值准则，是社会主义核心价值观的基石。其中爱国是民族精神的核心，敬业是职业道德的灵魂，诚信是公民道德的基石，友善是社会和谐的润滑剂。只有每一个公民都做到“爱国、敬业、诚信、友善”，才能真正实现国家层面的价值目标，才能真正落实社会层面的价值取向。

（一）践行社会主义爱国观

爱国是我们中华民族一直以来都信奉的重要价值观，它体现了人民对自己祖国的深厚感情。“爱国主义”一词就是对这种情感的有效概括。爱国不仅是我国的优良传统，而且是一项重要的道德要求，它潜移默化地调节着个人与其祖国之间的关系。从价值观的角度看，爱国属于公民个人与其国家之间关系的基本价值准则。因而，爱国价值观的实践要求理应就是要培养公民个人对其祖国的深厚感情。作为一名中国人，要有自己的民族自尊心和自豪感，以热爱祖国、贡献全部力量建设社会主义祖国为最大光荣，以损害社会主义祖国利益、尊严和荣誉为最大耻辱。否则，在我们与西方国家交往的过程中，就会被种种资本主义势力所侵蚀腐化。可见，爱国对于每个公民而言是十分重要的，对于大学生来说更是如此。

在不同的历史阶段，爱国的含义也不同，因为它是个历史范畴。在当代中国，践行爱国价值观的基本要求包括：

（1）爱祖国之疆土，捍卫祖国的独立和领土完整。爱国，首先就是爱祖国所在的地域，即爱祖国之疆土，坚决反对破坏祖国领土完整、妨碍祖国独立、损害祖国尊严的行为。这是因为祖国之疆土是祖国赖于存在和发展的最基本载体。（2）爱人民，维护民族团结。我国是人民民主专政的国家，广大人民是国家的主人。因而，爱国的另一个要求就是要爱人民，关键是要培养对人民的深切热爱之情，努力促进各民族的团结。（3）爱民族优秀文化，不断增强文化自信和文化自觉。爱民族文化就应该要懂得祖国的历史，尤其是了解中国近代史，大力弘扬中华民族优秀传统文化，积极推进文化的大繁荣和大发展。（4）爱社会主义制度，坚定理论自信、制度自信和道路自信。也就是要在认真学习中国特色社会主义理论的基础上，正确认识社会主义制度的优越性，始终坚持中国特色社会主义道路，坚定理论自信、制度自信和道路自信。概言之，引导大学生践行爱国观，就是要培养大学生对祖国的疆土、人民、民族文化以及社会主义制度的热爱，在爱国主义的旗帜下团结起来，为实现中华民族伟大复兴的中国梦而奋斗。

（二）履行社会主义敬业观

敬业是职业道德的核心，是指从业者对职业的总体态度和精神状态，包含着对职业价值和意义的认同、热爱职业的情感、积极主动的意向以及兢兢业业的行动。具体而言，一方面，强调从业的态度和过程，即严肃认真地对待自己从事的职业，任劳任怨、勤于学习、掌握职业技能、恪守职业纪律、愿意为职业付出艰辛的努力；另一方面，强调职业的结果和效益，即认真把事情做好，注重职业的质量，实现职业的社会效益最大化。前者注重的是过程和态度的求真，后者强调的是结果和效益的求善。所以，敬业反映了主体的社会需要和社会认可，也体现了社会的价值评判，不仅仅是一种职业态度，而具有更为广泛的价值意蕴。

在现代社会，职业是人最重要的生存方式和生活环境，占据了生命中极长的时间和极大的精力。一方面，通过主体的付出和努力，发挥主体的主动性与创造力，创造社会物质财富和精神财富，为社会的进步尽自己的一份力量，也为自己获得安身立命的物质资源；另一方面，通过职业生涯，主体获得社会的认可和认同，甚至得到社会的嘉许和赞扬，内心得到满足和快乐。因而，职业是主体个人与社会最重要的链接点，也是主体世界观和价值观实现内化、外化的过程。主体的职业精神不仅直接影响主体在职业生涯中的态度和信念，也影响职业实践的结果和社会认可度。当从业者怀着敬业的精神，就会在工作中热爱自己的职业、肯于学习和钻研，做事一丝不苟、严格自律，达到精于自己所从事的职业的境界。“敬业”在整个价值观体系中最具有实践性，构成了贯通其他价值观念的桥梁。一个热爱自己祖国的人，才会努力工作、勤于奉献；一个想获得职业认可和社会肯定的人，一定会坚守着诚实守信的原则；一个得到社会认可的从业者一定是怀揣着友善之心去对待他人、服务人民、服务社会。

将“敬业”纳入社会主义核心价值观，现实意义在于：

注重了价值观的实践性和现实性，更注重了价值观对于普通民众的价值和意义，使得社会主义核心价值观有了存在的实践大地和现实群众基础。通过对“敬业”价值观念的培育和践行，可以推进社会主义道德建设和文化精神的深化和发展。

（三）遵守社会主义诚信观

诚信是中华民族的传统美德，包含着言论与行动两个方面，要求言必信、行必果，强调言论的真实与客观，人己无欺、真实无妄；重视对于言论的践行与笃守，一诺千金、一言九鼎。以儒家思想为主干的传统文化倡导诚信、守信的价值原则，要求仁人志士遵从“信”的价值准则。其一，“信”是安身立命的基础。“人而无信，不知其可也。大车无輗，小车无軏，其何以行之哉？”（《论语》）輗和軏都是车辕与横木联结的关键，是车之为车的重中之重，以此为比喻说明“信”对人的重要性。其二，“信”是为仁的必然要求。把恭、宽、信、敏、惠作为“五德”，倡导“入则孝，出则悌，谨而信，泛爱众”。其三，“信”是与人交往的准则。强调“与朋友交，言而有信”，并“日三省吾身”，反思“与朋友交而不信乎？”以仁和义作为“信”的标准，推行德政于天下，“道千乘之国，敬事而信，节用而爱人”，把足食、足兵、民信作为为政的三个基本要求，如不得已必须去除，先后的顺序是去兵、去食，把“信”留在最后，因为“民无信不立”。在儒家文化传统中，诚信、守信居于价值观的核心地位。

对于大学生而言，诚信对其全面发展至关重要。引导大学生践行诚信价值观，必须深刻了解诚信观的实践要求和要义。针对大学生在诚信方面存在的问题，笔者认为，诚信观的实践要求和要义可从两个方面进行：其一，引导大学生在日常学习生活中自觉树立诚信为本的道德观念，正确处理好学习生活中义与利的问题，从而将诚信内化为自身的内心信念，自觉遵守基本的诚信要求；其二，让大学生在丰富多彩的校内外社会实践活动中，以道德模范为榜样，坚守诚信的道德意志力，自觉抵制不诚信行为。

（四）践行社会主义友善观

从中国的文化传统看，友善是人应有的品质。在儒家思想家眼里，“仁者，爱人”，应以友善的态度对待别人，推崇“恭而不侮，宽则得众，信则人任焉，敏则有功，惠则足以使民”。注重恭敬、宽厚、友善、仁爱、慈惠的价值理念。广泛地践行“恭宽信敏惠”五种美德就能达到仁的境界。对自己强调修身、慎独，对他人则要友善、宽厚，并以此作为小人与君子的界定标准之一，“君子求诸己，小人求诸人”。对他人要“己所不欲，勿施于人”，进而到达“己欲立而立人，己欲达而达人”。从现实状况上看，市场经济的发展、追求利益最大化的驱使、城市化生活方式的形成、传统农业经济的趋于解体，解构了传统的以地缘为纽带的地缘关系。人们离开了熟人社会，人与人的交往趋于广泛化、迅速化、即时化。在很大程度上，这种趋向疏离了人与人之间的关系，人们之间产生了信任危机，加重了人与人的猜忌、质疑，缺失了待人之道的友善态度。将“友善”纳入核心价值观具有重要的现实意义，通过呼吁人人善待他人，创造与人为善、乐于助人、团结友善的社会氛围。同时以“友善”为导向，倡导和鼓励社会主体的行善之举，为善之行，形成示范效应和榜样的力量，让人人在友善的环境中本着友善之心实施友善的言行。

对于大学生而言，践行友善观要做到：其一，待人态度要热情友好。友善的态度往往会使交往对象内心感到温暖，这种温暖的传递也会促进人与人之间的和谐。其二，与人为善，要善意地理解自己的交往对象，珍视友谊。在大学生的学习生活中，因为曲解而伤害友谊的情况也不少见。引导大学生学会从善意的角度去理解他人，不仅可以减少因交往而产生的某些伤害，而且有利于促进大学生自身不断地向善，学会珍视友谊。其三，助人为乐，正所谓“赠人玫瑰，手有余香”，在帮助他人的同时，不断提升自身的境界。

第三节 当代大学生社会主义核心价值观培育的多维路径

一、当代大学生社会主义核心价值观教育的课堂培育路径

（一）第一课堂培育策略

第一课堂主要指课内教学。社会主义核心价值观内涵的讲授是在大学生思想政治理论课的范围内，属于高校大学生的必修课程，要求每一个学生必须学习相关的理论。社会主义核心价值观教育就是通过课堂系统地传授社会主义核心价值观理论，提高大学生对社会主义核心价值观的认知。为切实提高第一课堂教育效果，促进大学生社会主义核心价值观教育的内化，需要从高校传统课堂教育这一平台的优缺点以及改进第一课堂教育基本原则入手，采取有效措施。既要注意把第一课堂作为各种教育路径的主干、中心，使各个教

育渠道都围绕这个中轴展开，又要注意把与第一课堂教育相关路径作为有益补充，形成主次分明、点面结合、优势互补的有效整合教育网络。

1. 提升教师综合素质

教师是课堂教学的组织者、主导者，教师素质的高低一定程度上决定着教学的好坏。因此，培养教师过硬的思想政治和道德品质素质非常重要。思想政治理论课教师要想让学生接受马克思主义理论，树立中国特色社会主义信念，树立正确的政治观点和价值观念，关键在于思想政治理论课教师自身有坚定的政治立场和科学的世界观，对自身所教的理论“诚教之，笃信之，躬行之”。如果教马克思主义的不信马克思主义，那必然在一定程度上影响学生对马克思主义理论的认知。所以，加强思想政治理论课教师队伍建设的重点便是使教师自身能够对马克思主义理论真信、真行，这样的教师教育出来的学生才能真正地接受马克思主义理论。另外，思想政治理论课教师的道德素质也很重要，只有品行端正，才能为人师表，率先示范。否则，不管教师知识文化素质有多高，都会受到大学生的内心抵制。

2. 激发大学生的主观能动性

个人的自我意识是个人对自我存在的认识，是对自我的认识活动和实践活动的认识和评估，是个体之为个体的核心。心理学家认为，个体自我意识的强弱，在某种程度上决定了个体对自身发展的自知、自控和自主的程度，从而决定着个体发展的水平。要提高社会主义核心价值观课堂教育效果，“必须认真解决思想政治教育观念的问题，即要切实树立以受教育者为中心的观念，坚持以满足受教育者的需要为根本要求，通过观念更新促进教育内容、形式和方法的更新”①。只有激发大学生的内在潜能，发挥其主观能动性，注重大学生的自我教育、自我完善、自我发展，才会收到理想的教育效果。

3. 改善教育环境

正所谓“近朱者赤，近墨者黑”，人创造环境，同样环境也创造人。在社会主义核心价值观教育活动中，环境对人的思想观念、政治观点和道德品质的形成和完善起着潜移默化的作用。社会主义核心价值观课堂教育如果没有环境因素的积极支持，很容易出现“竹篮打水一场空”的结果。因此，必须善于改善和优化思想政治教育环境，努力为大学生创造良好的教育环境。这需要构建两个教育环境：一个是校园外的社会大环境，也就是构建和谐向上的社会整体环境，主要是指切实改善和优化由家庭、社区、社会等构成的大思想政治教育环境和社会网络信息环境。另一个是校园内环境，主要指校园学习生活环境和校园文化环境。当前，对大学生影响最大的是社会网络信息环境和校园文化环境。面对互联网中泥沙俱下、鱼龙混杂的信息流，必须通过技术手段全面加强网络监控，有效净化网络信息环境。同时，建立健全网络法律规范，积极倡导和形成网络道德规范。而校园文化作为一种直观性的文化，直接表现出师生的精神面貌和学校的教育氛围，具有较强的形象性和感染力，对于促进受教育者内化，提升社会主义核心价值观课堂教育效果具有特殊的作用。在这方面，学校有关管理部门应该发挥有效作用。

①黄志勇．论思想政治教育中的自我教育内化外化律 [J]. 中山大学研究生学刊（社会科学版）,2005(4):169-173.

（二）第二课堂培育策略

第二课堂是指课外教学。第二课堂必须积极配合第一堂课，以实践活动检验理论认知。第一课堂提供的是理论知识，无法满足实践的需求。仅仅依靠第一课堂来推进思想政治教育工作，在理论联系实际、学生自发参与、效果可持续性等具体方面都将存在不足。由此可见，第二课堂的开展不可或缺。

1. 科学设计第二课堂内容体系

第二课堂作为高校人才培养的重要组成部分和培养大学生综合素质的重要载体，理应进行整体设计和经营。要把社会主义核心价值观的内涵融入第二课堂教育的活动当中，通过构建第二课堂的内容体系、保障体系和评价体系，建立以学生为主体、以学校为统筹、以院系为中心、以专业为载体的第二课堂教育体系。

大学阶段是学生思想观念和道德观念形成的重要时期。思想政治与道德修养模块要以理想信念教育为核心，以爱国主义教育为重点，以思想道德建设为基础，充分发挥第二课堂活动贴近实际、贴近生活、贴近学生的优势，围绕“中国梦”开展党团组织生活、主题教育活动、业余党校团校活动、形势政策报告等，引导学生将理论知识内化为自身的价值观念，外化为自身的实际行动，培养学生的政治信仰、思想素质、道德修养和敬业精神。要充分发挥高校的智力优势和人才优势，建立社会实践与专业学习、服务社会、勤工助学、创新创业相结合的社会实践体系，以暑期“三下乡”志愿服务活动为载体，组织大学生参加社会调查、生产劳动、志愿服务、公益活动、勤工助学等社会实践活动，使大学生牢固社会主义核心价值观，在社会实践活动中受教育、长才干、作贡献。

2. 拓展延伸第二课堂教育空间

首先，积极争取社会支持。积极争取地方组织领导的支持，以便获得更多的社会教育资源。比较典型的案例：湖北省早在1992年就在全国率先建立了省领导联系高校的制度，每个领导联系一所高校，每年为师生作几场形势报告，不定期地与大学生面对面论形势、讲政策，针对学生们关心的热点和焦点问题进行答疑解惑。在省领导的带动下，各高校校长、专家也纷纷加入进来。湖北各高校相继建立了形势报告员制度，成立了形势报告领导专家数据库，这些都是值得借鉴的。

其次，开辟校外活动基地。积极挖掘爱国主义教育资源，开辟校外第二课堂活动基地。因为第二课堂教育主要是以活动的形式展开，而开展活动必须要有相对固定的基地为支撑。每个高校所在的地区都有许多可供利用的爱国主义教育资源。各高校在利用这些资源进行教育时，具有独特的优势，空间距离比较近，时间和经费花费较少，人际关系比较熟，便于联系和开展活动。

再次，开拓第二课堂活动空间、加强校企合作、校地合作，开拓第二课堂广阔的活动空间。高校要加强与知名企业及用人单位的合作，一方面为学生提供更多的锻炼机会，积累实战经验，有利于学生的就业；另一方面，为企业挑选合适的人才提供便利，节省企业的招聘成本和风险。同时，培养了学生的创业创新精神和吃苦耐劳的品质，促进了学生将所学的理论知识向实践的转化。

3. 加强理论基础的研究

高校开展第二课堂的大学生社会主义核心价值观教育，旨在利用第二课堂教学内容丰富多样，参与面广泛，实践性强，对大学生有较强的吸引力等优势，使大学生可以在活动中更好地践行社会主义核心价值观。除了完善高校第二课堂教育的保障机制、质量评价体系，拓展第二课堂的教育空间外，还需要加强第二课堂的大学生社会主义核心价值观教育的理论研究，研究内容主要有以下几个方面。

第一，多元文化下的社会主义核心价值观研究。现代社会是一个多元的社会，与多元的社会相伴的是多元的文化，而社会主义文化也是多元文化中的一种文化。在对大学生进行社会主义核心价值观教育的同时，我们不仅要分析中国传统文化、西方文化和大众文化的价值和特征，以及它们带来的消极影响，也要分析它们与社会主义核心价值观的关系，只有这样，我们才可以把握好社会主义文化与其他文化的关系，使他们之间保持一种和谐共存的状态。

第二，大学生思想特点与成长规律研究。对大学生进行社会主义核心价值观教育，必须对大学生的思想状况、价值结构、道德追求和心理需求进行研究。人在不同阶段，思想状况也会发生变化，他们对事物的看法、对自身的定位、对理想的追求都会有所不同。研究大学生的价值结构，也是研究大学生的价值观和世界观，只有这样才可以正确把握大学生的心理想法。同时，大学生的道德追求是否会与社会主义的共同理想趋同，是否会影响大学生对党的事业的认同，这都会影响到社会主义核心价值观的教育。还有，大学生有怎样的心理需求也是一个重要方面。通过研究大学生的心理需求发现，如果他们的心理需求有与社会主义核心价值观趋同的一面，这样就会更容易使大学生社会主义核心价值观得到推行；反之，则难度就会较大。总之，研究大学生核心价值观教育必须对大学生自身进行研究，这样才会有更好的收获。

二、当代大学生社会主义核心价值观教育的网络培育路径

（一）网络培育的意义

高校社会主义核心价值观教育在注重文化育人、课堂育人的同时，也需要与时俱进，不断适应时代的特征，不断贴近大学生生活。新媒体传播的多样性使中国社会的“文化生态”呈现多元化特征，为各种错误思潮的泛滥提供了市场和温床，对大学产生的价值观产生了深远的影响。①

20 世纪 90 年代以来，随着信息通信技术的日新月异和大众传媒的迅猛发展，个人电脑、平板电脑和智能手机已普及，以微博和微信为代表的新媒体异军突起，新媒体时代悄然而至。新媒体凭借着有别于传统媒体的虚拟性、时效性、互动性和整合性的特点，迅速得到了大学生群体的广泛认可和接受，成为他们了解信息资询的首选渠道，并深刻地影响着他们的思想意识和行为习惯。面对来势汹汹的新媒体浪潮，只有认真分析大学生社会主义核心价值观教育工作面临的新变化、新挑战，并且不断创新方法和手段，才能有效提高大学生思想政治教育工作的针对性和实效性。

随着微博、微信等微媒体的发展，高校辅导员积极引用新载体，创新培育践行的新形式，紧跟大学生的步伐，使微媒体逐渐代替电话、电脑 QQ 等联系方式，成为最新、最快、最常用的联系载体。高校辅导员以微媒体传达任务、传递思想。由于微媒体言论自由、交流平等的特点，让大学生能够畅所欲言，深受大学生的青睐。面对微媒体环境，高校辅导

①刘左元，李林英．对新媒体环境下大学生意识形态安全的认知与思考 [J]. 学校党建与思想教育 ,2012(3):14-16.

员要学会放低姿态，学会平易近人，以谦虚的态度主动了解微媒体，以谨慎的态度积极关注各类信息和事件，及时通过个人手机、平板等微媒体工具，与学生进行交流、沟通，打破传统的师生关系定位，发展成朋友关系，相互倾诉，将传统的被动式教育变为主动参与的思想交流，能更有效地了解和掌握大学生的思想动态，进而用教育者强大的知识储备和思辨能力修正大学生认知的不足与缺陷，疏导大学生情绪，爱护大学生情感，形成有利于大学生接受社会主义核心价值观的认知环境，提高其对核心价值观教育的认同度。

（二）网络培育的策略

1. 建立理论宣传网站

首先，大学生社会主义核心价值观教育要以马克思主义为网络宣传的指导思想，塑造网站灵魂。以马克思主义和马克思主义中国化的最新理论成果作为专题网站建设的指导思想，以构建社会主义和谐网络文化为基本目标，凸显马克思主义对网站建设的方向性作用。在网站显示上，要将马克思主义理论分专栏解读，并保持理论的连续性、继承性和创新性。要重点突出当代马克思主义，特别是要对党的十八大以来出现的新理论、新思想进行系统展示，引导人民群众深刻领悟习近平新时代中国特色社会主义思想，坚定社会主义道路自信、理论自信、制度自信和文化自信。

其次，大学生社会主义核心价值观教育要以弘扬中国特色社会主义共同理想、民族精神和时代精神作为网络宣传的核心内容，突出网站宣传重点。一方面，要在网站鲜明突出社会主义核心价值体系的基本内容和社会主义核心价值观的基本内容，系统阐述它们的深刻内涵和逻辑辩证关系。从内涵到外延，全方位讲解，突出网站宣传主题。另一方面，要大力弘扬社会主义民族精神、时代精神和中国特色社会主义共同理想，坚定大学生社会主义方向，提高大学生的民族责任感和社会凝聚力。这既是社会主义核心价值观建设的精髓，也是社会主义核心价值体系理论网站宣传的重点。同时，开设典型事迹栏目，对践行社会主义核心价值观的先进事迹、模范人物和具有巨大影响力的历史事件予以宣传。比如感动中国人物、最美人民教师、最美天使，等等。切实发挥模范典型在社会主义核心价值观教育中的引领标杆作用。

2. 创建网络教育平台

首先，充分利用新媒体网络交互平台，比如微信、微博、网络论坛、短视频。高校社会主义核心价值观教育要通过论坛、微博、短视频等网络交互工具不断扩大社交圈，打破现有交往的局限性，增进领导与部门之间、教师与学生之间的交流，努力拓展社会主义核心价值观内容的传播范围，增强社会主义核心价值观的传播实效。同时，也要充分发挥各种新媒体交互平台的优势，提高社会主义核心价值观学习效果。利用微信、微博、网站等交流互动平台发布各种与社会主义核心价值观内容相关的社会热点、实事评论；利用对等网络、远程登录等信息交互平台积极传播关于社会主义核心价值观的网络文化资源；利用网络论坛、网络新闻组等公共网络交流平台开展一系列关于社会主义核心价值观的主题讨论活动。

其次，大力开发新型媒体网络交互系统。现今的交互工具种类众多，其操作界面、使用方法等各不相同，我们在开发交互系统时要统一系统内各交互软件的操作界面、使用方法，使其操作方便、简明好用。同时，各种交互软件应尽可能地实现功能的整合，做到宽口径、多功能。新型网络交互系统的开发能更好地迎合大学生的网络需求心理，从而激发学生的网络学习兴趣。利用微博、微信、网络论坛、短视频等网络交互平台，开展网络实事评析、意见收集、网络援助、热点问题探讨活动，增强大学生对社会主义核心价值观的实践和运用能力，以此检验大学生社会主义核心价值观相关理论的认知情况和掌握程度，从而进一步对大学生进行有针对性的思想教育活动。鼓励学生之间相互交流，针对彼此的观点进行点评，形成比学赶超的良好氛围，让学生们在具体实践中加深理解社会主义核心价值观理论，真正做到社会主义核心价值观进入头脑，指导实践的作用。

3. 规范网络管理制度

首先，高校要加强网络教育的管理机制，落实教育责任。网络教育需要长期运行和更新，管理和运用推广责任的落实也是一个亟须解决的问题，高校相关部门要利用网络教育的契机，落实责任，明确任务，将建设的网络教育基地成果不断保持和发展下去，真正占领社会主义核心价值观教育的网络阵地。网络教育还有很大的成长空间，也还需要更多的努力让这种方式得以完善和发展，我们要加强网络教育的研究和创新，使其起到带动作用，为教育工作者提供一种大学生社会主义核心价值观教育的思路和方式，更好地将社会主义核心价值观传递到大学生当中去，更好地提高大学生思想觉悟和政治水平。

其次，建立科学有效的新媒体教育评估体系，提高教学质量。网络教育的关键是保证和提高教学质量，这也是决定网络教育能否实现占领思想政治教育阵地目标的关键所在。要大力开展新媒体条件下社会主义核心价值观教育教学质量体系认证工作，全面提升教学内涵水平和品牌价值。要建立标准评估体系，加强教学督导，着力推动社会主义核心价值观教育规范化、科学化。转变教育教学机制，建立自我诊断、自我发展和自我完善的教学模式。

三、当代大学生社会主义核心价值观教育的校园文化培育路径

（一）校园文化的内涵

高校校园文化作为社会文化的组成部分，是指生长在高等教育环境下的，为学校全体成员在长期的教育实践中所创造的，体现学校办学理念、特色传统，并反映师生共同的价值追求和思维方式以及行为规范的各种物质形态、精神形态、制度形态、行为方式和活动的总和。所以，校园文化的内涵是极其丰富的，它不是单一的、杂乱无章的，而是多元的、有序的。校园文化是一个由多种要素综合形成的复合体，大致包括以下四个层面。

其一，物质文化层。即校园文化的物质载体和外在体现，是校园文化的基础和最外层，也是校园文化最显而易见的部分，主要包括校园自然环境、规划格局，以及校园建筑、活动场所、绿化和文化传媒设施等校园校貌各个方面所形成的环境文化。物质文化层虽然是校园文化的表层，却是学校形象、价值构造的物质依托和外在形象展示，也是师生员工精神面貌的具体体现。也就是说，一个学校的校园物质文化，展现着这个学校的精神特色和传统。

其二，行为文化层。即行为规范文化，是师生在工作、学习、生活、娱乐中所表现出来的，包括明文规定的显形文化和约定俗成的隐性文化。显性的行为规范文化是指学校明文规定的规章制度、公约守则、道德行为准则等，即学校的校训、校规、校纪，具有刚性约束力。隐性的行为文化是指全校师生员工在长期的实践中传承积淀而形成的道德规范、

行为方式、生活习惯、礼仪风俗等，是学校全体成员潜意识中默认的、在学校发展历程中约定俗成的文化形态。行为文化体现在师生们日常学习、工作和生活中的道德心理、言行举止、待人接物、作风习惯上，具有一定的共同性和感染性。

其三，活动文化层。活动文化包括各种教学科研活动、课外文化活动、组织管理活动、学生社会实践活动及各种具有学校特色的传统礼仪庆典活动等，是校园文化的动态层面，也是校园文化中最活跃的部分。长期的积累、沉淀、创新，使校园文化独具特色，产生出极大的吸引力。这些活动不是杂乱无章、随意举办的，而是围绕着一定的主题、方针，体现着学校的精神理念，并为实现一定的教育目的而开展的。它是师生员工的行事作风、精神面貌、人际关系的动态体现，也是学校形象、学校精神和价值观的折射。

其四，精神文化层。即学校在长期的办学实践中逐渐形成的精神特质，包括学校办学理念、学校精神、管理哲学、价值观念、理想信念、道德情感等内容，集中反映了一所大学的特殊本质和全体师生共同的价值追求、理想信念。其中学校的办学理念是根本，正是根据独具特色的办学理念，才形成了学校独具特色的精神文化。精神文化是校园文化的核心和灵魂，是校园文化最内在的和本质的东西，这也是当前各高校校园文化建设必须重视的。各具特色的校园文化，最终必然体现于各具特色的精神文化，渗透在校园物质文化、行为活动文化、制度文化之中，又决定着校园物质文化、行为文化、活动文化的发展方向。

校园文化的这四个层面是由表及里、层层深入的。物质文化是最外层，是校园文化的基础；行为文化和活动文化是中间层，是校园文化的载体和保证；精神文化是核心，是校园文化的本质。他们相互影响、并行发展，共同构成校园文化的完整体系。

（二）校园文化培育的策略

在上文我们剖析了校园文化的内涵，共包含物质文化、行为文化、活动文化、精神文化四个层面，所以在具体策略的探索中，也基本围绕这四个层面展开。

1. 融入高校校园物质文化建设

将社会主义核心价值观融入高校校园物质文化建设，要善于将社会主义核心价值观渗透在标志性文化建筑建设中。在校园标志性建筑中彰显“求实”“创新”“求美”的价值理念，融入丰富的文化内涵，突出爱国主义教育、社会主义荣辱观教育，弘扬民族精神和时代精神，营造良好的文化氛围和环境，对学生进行潜移默化的引导，激励高校师生对真善美的追求，激发师生们的创造愿望，在润物细无声中教育和激励高校的师生。将社会主义核心价值观融入高校校园物质文化建设，要加强校园文化载体建设。高校的板报、报刊、广播、电视和网络，是校园文化建设的主要载体。要把社会主义核心价值观融入校园文化载体建设中，这些文化载体承担着把握正确的政治舆论导向、加强学校各个部门的联系、提高师生的人文修养和塑造学校良好形象等方面的重大职责，在宣传党的方针政策、传播先进文化、塑造高素质人才、推动高校改革和促进学校发展等方面发挥着举足轻重的作用。一方面要加大对这些校园文化载体“硬件”建设的投入，另一方面要加强“软件”建设，充分利用这些文化载体的技术、功能优势，增强社会主义核心价值观的影响力和辐射范围，使之成为传播先进文化的平台。

2. 融入高校校园文化活动建设

将社会主义核心价值观融入高校校园文化活动建设，就是要在社会主义核心价值观的指导下，通过多种形式组织广大高校师生开展体现时代精神和校园特色的文化活动。以校园活动为载体，树立广大师生的世界观、人生观、价值观，培育爱国情操、创新精神，弘扬民族文化，调节身心，促进健康向上、生动活泼的校园氛围的形成，促进大学生全面、自由、充分的发展，促进社会主义先进文化建设，使高校校园成为学习氛围浓、政治意识强、文化态度端正的地方。高校承担着培育德、智、体、美、劳全面发展的社会主义事业的建设者和接班人的历史重任，必须坚持以社会主义核心价值观引导各种文化活动，通过加强校园文化活动建设，开展丰富多样的、体现时代要求和学校特色的、多层次的校园文化活动，不断满足广大师生日益增长的文化需求，培养学生正确的社会主义荣辱观、政治态度和政治理想，促进学生对中国特色社会主义的积极价值认同。大学生世界观、人生观、价值观的确立，是外在的舆论宣传和价值导向与个人生活经历、学习过程、内在感悟相互作用的结果。将社会主义核心价值观融入丰富多彩、极具个性的校园文化活动，依托多种平台，通过多种途径，以学生喜闻乐见的形式传递给学生，改变了单纯灌输式的德育方法，使抽象的理论说教变得生动、具体和充实，所达到的教育效果要比对学生进行硬性规定和指导更为理想。

3. 融入校园制度文化建设

规范有序的常规管理机制是搞好校园文化建设，实现高校发展目标的必要保障。完善的常规制度，能够保障各项日常工作有章可循、有据可依，避免管理的混乱，保障教学和科研等各项工作顺利进行，保证高校校园文化活动的有序开展及高效率实现。因此，必须确保高校校园制度文化步入规范化的轨道。高校制度文化反映着高校的观念、精神和文化，反映着高校的管理思想和水平。在制定高校规章制度的过程中，要突出社会主义核心价值观的要求，把社会主义核心价值观和制度结合起来，充分体现社会主义核心价值观的导向功能、激励功能和约束功能，保证高校正确的政治方向。将社会主义核心价值观融入高校制度文化建设，要注重人文关怀，建立人性化的管理制度。在制度建设中要体现以人为本，始终以学生的成长、成才为中心，既要约束人又要激励人，既要依法治校又要以德治校，既要有集中又要有民主，既要有共性又要有个性，真正做到尊重人、理解人、关心人。因为高校师生是高校管理中最活跃、最重要的因素，是高校管理的起点和终点，是高校管理的动力和核心，先进的高校校园制度文化会对高校师生的人格发展产生不可磨灭的影响。在新的历史时期，人们更加关心人的自由、情感以及存在和价值、尊重和理解、沟通和信任，只有在社会主义核心价值观的指导下，把人放在首位，具有人文精神和人文关怀，高校的制度文化才能拥有强大的生命力。

4. 融入高校校园精神文化建设

将社会主义核心价值观教育融入高校校园精神文化建设，就是要以社会主义核心价值观引导高校师生员工形成共同的道德情操、思维方式、心理倾向、人生态度和政治观念。将社会主义核心价值观融入高校校园精神文化建设，要积极倡导奋发向上的大学精神。大学精神是高校师生员工共同具有的价值取向、人生态度与道德观念的高度浓缩，是一所高校校园文化在长期发展中形成的历史积淀，对高校师生的思想观念、价值取向、思维模式、行为方式、个性心理等方面都能产生潜移默化的且十分广泛而深刻的影响。

具有鲜明个性和特色的校训、校歌、校徽、校标，是大学精神与高校的历史积淀、现实特点相结合的产物，是大学精神外在的形象标志，对教职工具有精神凝聚作用，对学生具有陶冶作用，对社会具有示范作用，能够极大地鞭策师生修身养德，激励学生热爱学校、刻苦学习，引导学生报效祖国、服务社会。把在历史中凝练成的大学精神，融入社会主义核心价值观教育，赋予时代意义，能将其作为一面旗帜，统领高校文化价值体系，从而感召师生员工，形成强大的精神力量。

四、当代大学生社会主义核心价值观教育的实践培育路径

（一）实践培育的基本原则

1. 目标性原则

目标的本义是指射击、攻击或者寻求的对象，现在一般是指个体、部门或者整个组织在一定的时间内所期望达到的成果。高校实践育人活动中的目标是指在现代教育理念的指导下，尊重学生发展规律和教育规律，在教师的指导下，学生积极主动参与实践活动，在实践过程中提高自身的综合素质、促进个体全面发展。目标就是方向、就是旗帜，目标性原则要求高校在实践育人活动的设置、组织上，要紧紧围绕实践育人的总目标展开，根据总目标确定实践活动的内容与形式，在总目标的统领下设立不同的分目标，有计划有步骤地开展实践活动。

2. 主体性原则

在传统的教育模式下，学生始终处于被动接受知识的地位。在实践育人教育观中，学生应积极主动参加各种实践活

动，是实践的主体。学生在实践中自我教育、自我发展、自我完善，教师只是处于指导的地位。实践活动本身是一个获得知识并进一步运用知识指导实践的过程，但是无论是在实践中获得知识的过程，还是运用知识指导实践的过程，都离不开个体主观能动性的发挥。原因在于不同的个体对同样的实践行为的理解不同，要求个体建构起自己的认知结构，而这个建构过程需要充分发挥个体的主体性。因此，主体性原则在实践活动中有着重要的意义。

3. 制度化原则

制度是一种带有根本性、全局性、稳定性和长期性的力量，实践育人工作要想取得实效，必须做到有章可循。而要“有章可循”，就必须在工作的过程中坚持制度化原则。各个高校应根据各自学校的定位与特点，结合地方特色与时代发展需要，制定和完善具有可行性的关于实践育人工作的文件，比如“实践育人工作大纲与实施办法”，文件内容要包括实践育人的目标、措施、方法、实施细则等。在实践活动的过程中，要严格按照此文件的规定去实施，且要将蕴含在文件中的精神贯彻到各个部门、各个师生，以保障实践育人工作能够有条不紊地进行。

（二）实践培育的策略

1. 打造专业实践平台

大学生在专业理论知识不断学习进步的过程中，也需要提高自身专业实践能力，高校应多开展专业实践活动，不断增加学生的实践锻炼，打造专业实践平台。专业实践平台的打造必须以学生所学习的本专业为依托，注重校内专业实践与校外专业实践，强调对学生的专业实际应用能力的培养。做好这项工作，需做好以下几点：

一是立足于学生的专业实际，设置勤工助学岗位。开展勤工助学是加强学生的劳动观点教育和劳动技能训练，提高教育质量，培养全面发展的社会主义一代新人的重要途径之一，也是促进教育结构、教育制度改革，发展我国教育事业的一个有效措施。由此看来，勤工助学的主要任务是为教学服务，并坚持育人为本。勤工助学岗位的设置必须要立足于学生的专业实际，比如按照不同专业有针对性地设置专业型、管理型、技术型、事务型、服务型等岗位，这样更能有效地提高学生的专业实际应用能力。

二是尊重学生愿望，开展“研本 1+1”活动。发挥研究生在思想、实践、就业、科研、学习、心理等方面的优势，引领本科生共同成长。因此，高校可以开展“研本 1+1”顶岗实习锻炼活动，并打造共建引领平台，在思想建设上促进研究生与本科生共同进步。比如通过党支部共建、班团组织共建、社团共建等形式，共同开展主题团日、主题党日、经验交流活动等，打造结对引领平台，在科研创新上促进研本共同发展。比如组织研究生和本科生共同参加科技文化节、博雅大讲堂等，通过结对互助的形式在文献检索、论文选题与写作、项目申报等方面对本科生进行辅导。打造岗位引领平台，在实践中促进研本共同提高。比如选聘优秀研究生担任本科生助教、班主任辅导员助理、同辈心理咨询员等，发挥心智相对成熟、经验相对丰富、综合素质相对全面等优势帮助本科生解决困难。打造示范引领平台，在创优氛围中促进研本共同受益。

三是组建以专业为依托的公益社团，与专业紧密结合。发挥专业优势组建公益社团，使开展的公益实践活动更具有效性和针对性；加强与其他高校公益社团的交流与互动，借鉴其好的经验，促进本校公益社团的良性发展，加强与社会公益社团的联系，取之长补之短，更好地完善校园公益社团，使公益社团得到长期化发展。

2. 加强实践教学环节

社会主义核心价值观教育要以提高素质、培养能力为主的实践教学，以服务社会为主的实践教学，以思想教育为主的实践教学为重点。以思想教育为主的实践育人路径，只能加强，不能削弱。因此我们要结合学生实际，多开展以思想教育为主的思想政治理论课课外实践教学。结合教学内容，借助重大纪念日，如“向雷锋学习月”，让学生亲身参与，亲身体验，培养学生艰苦奋斗、勤俭节约的精神；开展以服务社会为主的思想政治理论课课外实践教学。

通过对大学生寒暑假期的调查，我们发现学生没有很好地利用寒暑假期，高校应对学生的寒暑假期进行科学规划、合理安排，根据不同专业类别开展寒暑假期志愿服务、专业实践等活动；开展以提高素质、培养能力为主的思想政治理论课课外实践教学。组织大学生参观历史博物馆、纪念馆和爱国主义教育基地，利用丰富的馆藏资料，加强对优秀传统文化的认识，在实际行动中践行社会主义核心价值观。在平时，高校还可以开展经典朗诵、辩论等多种形式的活动，让大学生在学习优秀传统文化、践行社会主义核心价值观的同时诠释所学所思。同时，借助节日开展积极健康的教育活动，如在教师节，组织感恩教师、感恩母校的纪念活动，提高大学生感恩意识；在抗日战争胜利纪念日，组织大学生观看抗日战争纪录片，培养大学生的爱国情操等，以良好的氛围影响大学生践行社会主义核心价值的行为，为大学生践行社会主义核心价值观创造条件。大学生群体作为践行社会主义核心价值观的重要主体，社会主义核心价值观不仅能够在道德层面引领大学生价值观教育，还在国家观、人生观、科学观、集体观、职业道德观、利益观、法制观、人生观等多个方面的大学生价值观教育中发挥导向作用。开展社会主义核心价值观教育，不断改进和提高大学生思想政治工作，把社会主义核心价值观融入国民教育体系，可以引导大学生树立正确的世界观、价值观、人生观。

实践是检验真理的唯一标准。大学生通过实践活动实现对理论的检验，在实践过程中懂得做人、做事的道理，学会明辨是非、善恶与美丑，从而反思自己的错误，规范自己的行为习惯，形成高尚品德。活动载体应具有实践性、目的性、参与性、验证性等特征。大学生在参与社会主义核心价值观践行活动中可以感受、体验、认同和践行社会主义核心价值观的基本精神，更能增强社会主义核心价值观教育的现场感、直观性和生动性。社会主义核心价值观践行活动可以起到寓教于乐、发人深省，充分体现大学生的主体性和参与意识的作用。社会主义核心价值观教育实践育人工作不是一蹴而就的事情，进行多方位、多渠道优化实践育人路径的工作任重而道远，需要我们进一步加强探索和研究。只要我们携手共进，尽心、用心、真心做好实践育人路径优化工作，那么实现社会主义核心价值观教育实践育人效益的最大化，实现学生的全面发展就会变为可能。

第六章　当代大学生社会主义核心价值观培育效果的评价

第一节　当代大学生社会主义核心价值观培育效果的评价概述

一、相关概念解读

（一）评价

在我国的词典中，关于“评价”的解释是：泛指衡量人物或事物的价值。百度百科中关于“评价”的解释是：评价就是指通过评价者对评价对象的各个方面，根据评价标准进行量化和非量化的测量过程，并最终得出一个可靠的并且逻辑的结论。提到“评价”，大部分人会联系到考试或者分数，因此要揭示“评价”的内涵，就要解释清楚另外两个概念：“考试”与“测量”。我国《现代汉语辞海》中对这三者的解释分别是：测量，是指用仪器确定空间、时间、速度、功能等的有关数值；考试，是指考查知识或技能的一种方式，有口试、笔试、现场作业等方式；评价，是指评定价值高低。从以上的定义中我们可以看出，“测量”是指测量者排除自己主观因素的影响，采取某种方法或途径，了解客观事物的特点和规律的过程；而“考试”只是作为教育测量的一种工具或手段。两者的共同点就是能够确保评价的客观化、计量化和精确化。但是在教育领域中，考试与测量对学生的能力、态度和品行等的评价作用却无法完全体现出来。

“评价”是与价值分不开的，价值评定是评价的主要标志。那么何为价值？马克思主义价值论指出，价值的本质是客体的属性同主体的需要和能力之间的一种统一，是世界的存在对人的意义；价值产生于人按照自己的尺度去认识世界和改造世界的活动之中。这一认识科学地揭示了价值的基本含义，价值是在承认客体客观存在的基础上，反映主体对客体之需要所产生的一种关系；价值判断是一种主体性的活动。评价与测量的本质区别在于，测量主要注重客观事实，而评价则同时还要考虑人的需求。同时需要强调的是，虽然价值是对主体需求的反映，但并不表示在进行价值判定时具有主观随意性。马克思主义价值论同时指出，人们对价值加以评定虽然具有精神形式和个人的主观性，但仍然有其客观依据。人对客体的情感态度是客观存在的反映。因此，我们可以将评价简要地概述为：按照一定的目的与标准，评价主体运用各种方法及途径对评价客体进行价值判定的过程。

（二）教育评价

教育评价是一个处于不断完善与发展中的概念，教育评价理论界对其概念的解释众说纷纭，至今尚未形成统一的、为大家所公认的定义。美国的教育家泰勒认为，教育评价在本质上是确定课程和教学大纲在实际上实现教育目标的程度的过程。斯塔弗宾认为，评价的目的不在于证明，而在于改进。评价是一种为决策者提供信息的过程。[①]我国教育学者在借鉴国外发展成果的基础上，对教育评价有了更深层次的阐释，如：教育评价是“通过系统地收集信息，对教育目

①陈玉琨，赵永年．教育学文集·教育评价 [M]. 北京：人民教育出版社，1989:263.

标及实现目标的教育活动进行优缺点和价值判断的过程”[①]；教育评价是“对教育活动满足社会和个体需要作出判断的活动，是对教育活动现实的（已经取得的）或潜在的（还未取得，但有可能取得的）价值作出判断，以期达到教育评价增值的过程”[②]，等等。

虽然各个国家的教育学者对教育评价的界定有所不同，有的注重目标达成度，有的注重客观描述，有的注重学习过程，但都认为：教育评价是一个系统分析的过程，是按照一定的标准进行的，其本质在于价值判断。因此，我们可以将教育评价界定为：教育评价是按照一定的评价标准，运用有效的评价技术与手段，在系统分析教育活动过程及结果的基础上，对教育活动满足社会和个体需要的程度作出价值判定的过程。

（三）大学生社会主义核心价值观培育效果评价

大学生的价值观是指大学生在实践过程中，对现实生活中各种事物和现象进行评价、取舍的态度和基本的观点，它影响着大学生在实践过程中行为的选择，支撑着大学生的精神世界。当大学生的价值观初步形成之后，他们就会按照自己的生活准则坚定不移地去行动，从而对大学生形成一定的思想动力。而大学生社会主义核心价值观培育是指以马克思主义理论体系为主导，严格遵照表层结构、中层结构再到深层结构的培养顺序，通过循序渐进、层层深入的方式，将马克思主义指导思想、中国特色社会主义理论、爱国主义的民族精神、改革创新的时代精神及社会主义荣辱观等逐步转化为学生内在的自觉追求，并形成一种民族自觉和特色的过

①李冀．教育管理学辞典[M]海口：海南出版社，1997:259.
②陈玉琨．教育评价学[M]北京：人民教育出版社，1999:7.

程。社会主义核心价值观不能停留在一个外在驱动的状态，而应转化成为学生内在的认同和价值追求。总的来说，大学生社会主义核心价值观的构建决定着成为“谁的人”“怎样的人”的基本问题，而对大学生社会主义核心价值观教育的评价则关系到社会主义和谐社会的现实目标和最高目标能否实现这一根本问题。具体而言，针对大学生社会主义核心价值观培育效果的评价。笔者认为就是指根据社会主义核心价值观的教育目标或评价标准，运用可行的科学手段或有效的方法，通过系统地收集信息资料和分析整理，对社会主义核心价值观教育的活动、过程和结果进行相应价值判定，为提高教育质量和教育决策提供依据的过程。

二、评价的意义

（一）理论意义

大学生是一个在心理上逐渐走向成熟但还没有完全成熟的特殊群体，具有一定的可塑性，且这种可塑性的影响十分长远。另外，大学生是我国的栋梁，是祖国未来的建设者和接班人，大学生的思想政治状况、道德品质、科学文化素质和健康素质如何，不仅直接关系现阶段中华民族的素质，而且直接关系未来中华民族的素质。通过对大学生进行社会主义核心价值观教育，可以在无形中影响大学生的思想政治信念，逐渐培养他们形成对社会主义国家性质的价值判断标准，逐渐树立有利于我国社会主义发展的理想与态度，为我国的社会主义社会服务和贡献力量。

一个民族的强盛是需要拥有自身的民族精神与特性的新一代来支撑的，如果大学生对于国家的政治前途和状况漠不关心，缺乏民族的危机意识，只懂一味地索取和享乐，那么青年一代的发展就令人担忧，国家的兴盛衰亡更是令人担忧。因此，我们必须通过对大学生进行社会主义核心价值观教育的评价，促使他们掌握社会主义核心价值观，始终保持着热情、创新与负责任的态度，同时还能够迅速地参与到维护我国的社会主义活动中，从而培养出一批拥有社会主义核心价值观的年轻一代，撑起我国社会主义的未来。

对大学生社会主义核心价值观培育效果进行评价，其中一个目的是让学生从自我的认识与理解中获得完全正确的信息。而在具体的教育过程中，有不少大学生对社会主义核心价值观的认识与理解是不全面的、不清晰的或者是不正确的。作为教师，首先应该而且必须要作出正确而严谨的判断，并且用非常明确的语言告诉学生，使其在大脑中产生明确的反应，从而快速思考，以获得新的认识与理解，纠正自己先前不准确的认识。

大学生社会主义核心价值观培育效果的评价是大学生社会主义核心价值观培育过程中的一个重要环节，其中的每一步都体现着教师教育观念的时代性，同时也反映着教师对大学生社会主义核心价值观教育掌握的程度，是教师自身素养、文化内涵和价值判断的外在表现。大学生社会主义核心价值观培育效果评价是为了明确培育的效果，从而在不断纠正和完善中引导大学生朝着社会主义核心价值观教育目标的有效性方向发展，进而促进大学生社会主义核心价值观的形成，最终为我国的社会主义事业作出自己的贡献。

（二）实践意义

1. 大学生健康成长和发展的需要

从大学生的身心特点来讲，他们正处于价值观形成、发展和完善的重要时期，他们的价值判断和甄别能力还没有完全成熟，所谓“性由湍水也，决诸东方则东流，决诸西方则西流”（《孟子·告子上》）。大学生作为中国特色社会主义事业最重要的战略人才，代表着中华民族的未来，为了加快推进社会主义现代化的建设，需要大学生们奋勇承担。然而，对当代大学生价值观发展现状进行调查发现，虽然总体上大学生呈积极向上、健康发展的态势，但也存在一些不容忽视的问题。一些大学生政治信仰模糊，功利意识严重；一些大学生价值取向扭曲，过分看重物质利益、轻视无私奉献，重等价交换、轻爱心付出；还有一部分大学生过于注重自我，缺乏社会责任感。当代大学生的这种思想状况凸显了建设社会主义核心价值观教育评价的重要性和紧迫性，所以必须要保证大学生社会主义核心价值观培育的效果，而不是形式化的走过场。因此，必须加强对大学生进行社会主义核心价值观培育效果的评价，在不断完善的培育体系中引导他们努力成为社会主义核心价值体系坚定的信仰者、积极的传播者和模范的实践者，培养他们成为政治理想、道德价值观上都合格的社会主义建设者和可靠的接班人，确保社会主义事业的兴旺发达。

2. 正确发挥教育功能的需要

任何一种社会理想都必然蕴含着一定的价值诉求，而该价值诉求的实现，从宏观上说，取决于如何构建社会核心价值体系；从微观上讲，取决于社会个体对社会核心价值体系的认知到认同的过程，并将核心价值体系内化为自己自觉的行为准则。教育是一种培养人的事业，而人的培养不能仅仅是知识技能的传授，健康个性的培养、正确价值观的养成也应该是教育的作用之一。价值观与科学知识、技能不同，从某种意义上说，前者是一种方向性教育，后者是一种手段性教育。如果说知识教育和能力养成教育是为个体生存和发展提供手段的话，那么价值观教育就是为个体应该如何及怎样才能更好地生存和发展规定着方向。在新的历史背景下，对大学生社会主义核心价值观培育效果进行评价，是深化大学生对社会主义核心价值观体系理解的重要步骤，对促进社会主义核心价值观教育的发展具有重要的意义。

三、评价的功能

（一）导向功能

教育评价的导向功能，是指教育评价具有引导评价对象向预定目标前进的功效和能力。教育评价具有很强的目的性和规范性，科学合理的评价活动的评价目的是十分明确的，评价标准也是提前预设的，并且还具有严格的评价程序以及权威的评价结论，就像一根“指挥棒”，对教育发展起着“定标导航”的作用。在当今复杂的社会环境下，教育价值取向也受到各种思潮的影响，呈现出多元化发展的态势，因此评价的导向功能就显得越来越重要。运用教育评价的导向功能，通过对评价目标的引导可以转变人们的教育观念，使各级教育行政部门明确工作方向，帮助教师和学生明确发展的方向。发挥教育评价的导向作用，需要认真把握国家的教育方针政策，把握好教育的价值取向，通过评价过程与评价结果有意识地引导教育活动向正确的方向发展。为了更好地发挥教育评价的导向功能，首先要确定正确科学的教育目标，并根据教育目标来确定恰当的评价内容和标准，对整体教育过程、教育行为及教育结果进行全面评价，引导师生朝向教育目标努力。

（二）鉴定功能

所谓教育评价的鉴定功能，是指教育评价认定和判断评价对象是否合格、优劣程度以及水平高低的功用和能力。教育评价的鉴定功能是与教育评价活动同时出现并始终伴随着教育评价存在的。在教育评价中，鉴定可以归为三种类型：一是水平鉴定，即根据一定的标准，鉴定评价对象达到标准的程度，如鉴定学生的发展水平、教师的教学水平、学校的管理水平等。二是评优鉴定，即通过对评价对象相互间的比较，评定优者。三是资格鉴定，即对评价对象是否具有从事某种活动的资格的鉴定，如教师资格、管理人员资格的鉴定。

在教育活动中，可以根据不同的需要选择不同类型的鉴定，从而有效地发挥教育评价的鉴定功能。而教育评价鉴定功能的有效发挥，可以增强评价对象的责任感、公平感和成就感，促进教育质量的提高。当然，要有效地发挥教育评价的鉴定功能，应该注意以下几点：其一，鉴定不是为了淘汰，而是为了发展。通过鉴定，可判断评价对象现阶段的水平，但往往会忽略了评价对象发展的可能性。现代教育评价观强调评价最终是为了评价对象的发展，而不是为了淘汰。其二，保持适度竞争。教育评价要认定和判断评价对象是否合格、优劣程度以及水平高低，不可避免要进行比较，有比较就会有竞争，适度的竞争有利于人的发展，但是要注意避免过度竞争，以免对人的身心发展造成不良影响。

（三）诊断与改进功能

教育评价的诊断与改进功能是指通过教育评价，发现教育教学过程中存在的问题和不足，及时回馈信息，然后针对这些薄弱环节提出改进措施，促使评价对象不断完善与优化。教育评价诊断作用的发挥要求评价者既熟悉教育活动，又要摆脱过往经验的束缚，把每一次评价结果都作为新问题，实地了解教育活动的各种信息，如此才能作出对这一具体活动的切合实际的诊断。教育评价改进功能的发挥，建立在全面、准确、真实地了解评价对象状况的基础上。在教育评价的过程中，首先要系统地对所得信息进行去伪存真、去粗取精的筛选与鉴别，分析与综合，这样才能准确地获得评价对象某一方面状况的真实情况，据此诊断出现状与目标的偏离程度，找到教育活动中存在的问题与原因，并及时地将处理后的信息反馈给管理层和被评对象，有的放矢地改进工作，改善教育行为，促使教育工作和教育活动不断完善和优化。虽然通过教育评价能够发现教育教学过程中存在的问题，但教育评价的最终目的并不是诊断问题，而在于诊断问题之后的改进、完善与优化。由此可见，教育评价的目的不仅在于明确是非，区分工作的优劣程度，更重要的是分析问题，找出原因，作出选择，对教育实践活动予以指导并加以调整和控制，寻找改善教育教学行为的途径，从而为保证不断提高学校人员素养、提高学生社会主义核心价值观培育的效率指明具体的方向。

（四）激励功能

教育评价的激励功能，是指教育评价的正确运用，能够激发评价对象的内在动力，调动他们的潜能，提高他们工作的积极性与创造性等。教育评价的激励功能是教育评价这种现实刺激引起被评对象积极的心理反应的结果。在教育评价实践中，评价对象都渴望了解自己工作和学习的成果被认可的程度，这是人类普遍存在的一种心理现象。在学习中，学习效果的好坏始终是学生最关心的问题。这种渴望了解自己学习效果的心理趋向，本身就具有激励作用。一般说来，得到正评价（奖赏、肯定的评价）时，积极性会比较高；得到负评价（惩罚、否定的评价）时，积极性会比较低。因此，在教育评价的激励中，重视评价对象这一心理反应，调动他们的内在动机，让其看到自己的进步和成绩，具有十分重要的意义。如果教育评价是科学、公正、合理、符合实际的，无论是正评价还是负评价，都是能够刺激被评对象产生积极的心理反馈的。这是因为肯定性评价的良性刺激作用，必然引起被评对象积极的心理反应。肯定性评价能使认真努力并取得成效的被评对象受到鼓舞，产生成功感、自尊感和自信感，从而不断提高学习动机，焕发积极的热情，作出更大的努力，争取更大的成就。而否定性评价虽然可能使被评对象的积极性受到打击，但只要这种评价公正、合理、实事求是，具有改进、指导、帮助的善意，也能够使被评对象心悦诚服，尊重接受，从而知耻而后勇，激发其奋发努力的决心和热情。

四、评价的原则

（一）方向性原则

大学生社会主义核心价值观培育评价的方向性原则，是指评价必须坚持引导大学生社会主义核心价值观教育工作更好地贯彻国家的教育方针，满足社会和大学生个体发展需要的正确方向，保证大学生社会主义核心价值观培育活动沿着良性、健康的方向发展。贯彻大学生社会主义核心价值观教育评价的方向性原则，最重要的是要求教育评价在确定评价目的时，必须以国家的教育目标为基本的、总的依据。

马克思主义是我国立党立国的根本指导思想，是全党全国人民团结奋斗的共同思想基础。如今，在培养大学生社会主义核心价值观时，我们同样应当坚持以马克思主义理论为指导，发挥马克思主义的生命力。

首先，坚持马克思主义的科学性。“马克思的历史唯物主义是科学思想中的最大成果。过去在历史观和政治观方面占支配地位的那种混乱和随意性，被一种极其完整严密的科学理论所代替。”[①]这一科学理论说明，由于生产力的发展，如何从一种社会生活结构中发展出另一种更高级的结构。马克思主义理论的科学性在于“合理地解释了历史的发展，有效地预见了未来，并为尔后的实践所证实”[②]。这就要求我们必须用科学的态度对待马克思主义，全面、准确地理解马克思主义理论，这样才能正确地指导教师的教学和大学生的学习。

其次，坚持马克思主义理论的人民性。马克思主义理论是无产阶级认识世界和改造世界的思想武器。同时，无产阶级代表了广大人民群众的利益。可以说，马克思主义理论不仅是反映无产阶级利益的学说，同时也是反映最广大人民群众利益的学说。因此，马克思主义理论强调人民性，要求我们坚持“以人为本”的教育理念，尊重学生的主体性和独立性，发挥学生的主观能动性。

最后，坚持马克思主义理论的实践性。强调理论对于实践的依赖关系，理论的基础是实践，又转过来为实践服务。判定理论是否是真理，不是依主观上觉得如何而定，而是依客观上实践的结果而定。检验真理的标准只能是实践。马克思主义理论揭示了人类社会发展的客观规律，是经过实践检验的普遍真理，为建设中国特色社会主义指明了方向。但是，我们在实际运用时，又要同现实相结合，与实践相联系，防止主观主义和教条主义。在弘扬社会主义核心价值观的过程中，我们也应该通过实践修正教育的方向，坚定教育的目标，充实教育的内容，强化教育的结果。所以，坚持马克思主义的方向，也成了社会主义核心价值观培育评价中所遵循基本

①袁贵仁.价值观的理论与实践价值观若干问题的思考[M].北京：北京师范大学出版社,2013:73.
②蔡敏.论教学过程中的学生情感评价[J].中国教育学刊,2004(3):54-58.

原则。

（二）科学性原则

大学生社会主义核心价值观培育评价的科学性原则，是指进行大学生社会主义核心价值观培育效果的评价必须把握教育和教育评价的客观规律，实事求是，以客观事实为依据，从客观实际出发获取真实有效的教育信息。依据科学评价的标准，对大学生社会主义核心价值观教育活动的成果进行分析与判断，不能凭主观想象或臆断。贯彻大学生社会主义核心价值观培育评价的科学性原则，要求确定的评价指标必须符合评价的目的，反映被评对象的本质特征；评价标准要合理，评价者要正确理解和把握评价标准，克服主观随意性和感情因素的影响；评价方法的选择要与评价内容的性质相适应，多种方法相结合。这样，才能使评价信息更为全面准确，评价结论更加可靠。

大学生社会主义核心价值观培育评价的科学性原则要求构建的价值观教育评价指标体系、选择的教育实施过程和方法都要符合实际，概括起来应该是：一是要贴近大学生的实际生活；二是要符合大学生身心发展的特点和接受能力；三是要采用科学方法收集评价信息，以事实为根据进行价值判定。

大学生社会主义核心价值观培育评价坚持科学性原则，具体要注意以下几点：一是要把握评价信息的客观性，不要主观臆断；二是要把握信息的全面性，不能只依据片面的信息做结论；三是要评价者根据自己对评价对象的了解和认识定位被评者，从而使评价“移位”；四是要尊重被评者个体的差异性，切勿一个标准、一种方法、一种模式的一刀切。

大学生社会主义核心价值观培育评价的科学性原则是

大学生社会主义核心价值观教育评价的重要原则之一。只有坚持这一原则，才能保证大学生社会主义核心价值观教育评价符合他们的实际和身心发展的规律，从而使价值观教育评价具有客观性、科学性和准确性；才能引导大学生社会主义核心价值观教育工作贴近大学生的生活，符合大学生的身心成长实际状况，从而增强价值观教育工作的针对性和实效性，增强教师教育工作的吸引力和感染力；才能激发大学生的心理期望和动机，使其乐于接受社会主义核心价值观教育，充实自己的思想，规范自己的行为，发展自我。

（三）发展性原则

大学生社会主义核心价值观培育评价的发展性原则，是指价值观和思想教育评价的内容、方法、结果的解释权等要有利于学生的成长和发展。发展是价值观、道德教育评价的出发点，也是落脚点。发展性原则应该是贯穿大学生社会主义核心价值观培育评价全过程的主线，离开发展，评价也就毫无意义。发展性原则集中体现了社会主义核心价值观教育对培养大学生价值观发展的目的，也体现了大学生社会主义核心价值观教育评价的引导作用，更加体现了对大学生全面发展的关怀。

发展性原则是大学生社会主义核心价值观培育评价具有核心意义的原则。发展性原则要求：评价者及评价的参与者要树立发展性的评价理念，并贯穿于评价始终，把发展作为社会主义核心价值观教育工作和评价的核心环节和指导原则，作为大学生核心价值观形成和发展的推动器。在大学生社会主义核心价值观教育评价中要重视过程性评价。过程性评价是对大学生的整个学习生活和成长过程中的认知与行为等表现出的价值观、思想态度进行的评价。教师要及时了解学生的信息，随时指导，发扬优点，纠正偏差，保证发展的方向正确，有利于未成年人价值观念的发展。同时，还要充分发挥评价的激励作用。贯彻发展性原则，要合理制定评价目标和具体标准，应从评价对象的实际出发，不要过高或过低，要求评价的实施者注意评价对象个体的心理状态，尊重评价对象的意见，并努力使评价的过程和结果客观和公正，对评价的结果进行积极、全面的解释并慎重利用。通过评价，使大学生努力自觉完善自己、发展自己，促进自己社会主义核心价值观形成。

第二节　基于360度绩效评估法的社会主义核心价值观培育效果的评价探究

一、360度绩效评估法概述

（一）360度绩效评估法的概念

所谓绩效评估是指组织定期对个人或单位的工作行为及业绩进行考查、评估和测度的一种正式制度，其特点是评价维度多元，可由员工自己、上司、同人、同事、甚至顾客等，从全方位、各个角度匿名进行评估。本方法根据每个评估人员特点赋予一定的权重，确定评估标准。在大学生社会主义核心价值观认同度评价的过程中将学生素质、思想觉悟、平常学习生活表现等项目赋予一定分值，根据权重求和取得总分，具有很强的操作性。

（二）360度绩效评估的理论基础

360度绩效评估综合运用了心理学、社会学、组织行为学、管理学等相关学科的知识，它的理论基础是心理测量学中的真分数理论。真分数理论的基本思想是把测验或考核的得分，即通常所称的观察分或实得分，看作是真分和误差分的线性组合。所谓真分，就是一个测量工具在测量没有误差时所得的分值，代表测验测量出来的能力水平或特质。真分只是一个理论概念，其操作上的定义是指经过无数次测量所得到的平均值，即

$$E(X) = T$$

真分数理论则可用如下数学模型表示：

$$X = T + e$$

（X 为实得分，T 是假设的真分值，e 是测量误差。其中由无关变量引起的、但又是稳定的系统误差并不引起分数的改变，因而可以包括在真分值中）

在一个团队中，由于每个人的误差是随机的，而且方向不同，所以从理论上讲，只要团队足够大，其误差便会相互抵消，即

$$E(e) = 0$$

而在实际运用时，一般前提条件是要求样本量大。因此，一个团体的平均真分值等于该团队所有实得分的平均值，即

实得分数的变异数 = 真分的变异数 + 误差变异数

（其中真分变异数还可以分为两部分：与测量目的有关的变异数和与测量目的无关的变异数。前者是由所要测量的变量所引起的；后者是由其他无关变量引起的，但又是稳定的）

对于 360 度绩效评估而言，由于考评着眼于各个不同的侧面，对任何一位组织成员都测量了多次，平均误差渐趋于零，实得分数就渐趋于真分，进而在一个团体中，测量误差的变异数也趋于零。那么，一组测验分数之间的变异数，就只由与测量目的有关的变异数和稳定的但是出自无关变量

的变异数所决定了，从而使测量值更接近于真分值。也就是说，360 度考评与其他评价方法相比，具有比较高的信度和效度。

（三）360 度绩效评估法的优点

1. 评估结果准确

根据心理测量理论，与其他传统的评估方式相比，360 度绩效评估方法具有广泛的信息渠道，可对个体从多个角度获得观察并将得到更有效和更可靠的信息。首先是人员选择正确，多角度的结果比单一的视角准确；其次是多角度评价更加全面地展示了被评价人员的综合表现；再次是匿名性的评估确保了评估结果更为可靠和可信。

2. 评估结果易于被人接受

研究发现多角度的评价比单一的评价更容易让被评价者接受。因为群众的眼睛是雪亮的，这样的方法评估全面合理、不容置喙。因此，大学生也更容易采取行动进行改善，在实践中积极践行社会主义核心价值观，构建积极向上的学习氛围。360 度绩效评估还可以在寝室和班级等组织中营造一种互相帮助的气氛，从而促进班级和寝室的和谐，并进一步带动其他人积极效仿，形成一种积极向上，互相学习的良好氛围，这对大学生社会主义核心价值观的培育起着推动作用。

360 度绩效评估方法要坚持规范性原则，对大学生进行社会主义核心价值观教育评价时必须严格规范，做到有章可循，有理论作为支撑。通过试点，在实践过程中不断完善，不断矫正，以此提高此方法的科学性，从而进行大规模的推进，以形成最后的规范。此外，应坚持系统性原则，在时间和空间上贯穿大学生社会主义核心价值观教育的全过程，并与实践教育接轨。这项工作不是一个人能完成的，需要协调各方利益，做到上下衔接，前后贯通，左右协作，使360度绩效评估方法能完美地贯彻实施并持续下去，从而取得良好的效果。同时，要坚持有效性原则，使这项工作真正落到实处，以确保360度绩效评估方法的实际效果。这个方法的实施必须有制度来支持，高校的学生工作部门可以把运用360度绩效评估方法的频率、质量以及此项方法的效果如何加入年度考核中，以便为以后的工作提供数据与借鉴。

（四）360度绩效评估法的特征

1. 多维化的评价及意见的广泛征求

360度绩效评估方式涉及学生、任课教师、辅导员、班主任、学生干部等全方位层次，评估者可以从不同的反馈中获取大量信息，了解社会主义核心价值观在受教育学生当中的效果，清楚教育的不足、长处与发展需求。此方法中多维度与全方位的考核体系可以将社会主义核心价值观培育的结果较为清晰准确地反映出来，对个体可以多个角度进行观察并能得到更有效和更可靠的信息。

2. 高质量的反馈信息及研判依据

通过360度绩效评估，高校学生工作部门可以获取多个层次的评估者对其教育方式、取得成效等方面的评估意见和建议，可以更加全面、客观、公正、合理地了解相关信息。通过这种导向作用明显的评估方式，可以更好地规划今后的教育方式、教育方向及学生易接受的内容，为改善教育模式及工作方法提供了良好的借鉴。多角度的评价比单一的教师评价更容易让被评价者接受结果，所以应用此种方法可以使大学生更容易采取行动，在实践中积极践行社会主义核心价值观。

二、360 度绩效评估法在社会主义核心价值观培育评价的应用思考

由于 360 度绩效评估法具有意见征求广泛、覆盖面广等诸多特点，故将 360 度绩效评估法应用于社会主义核心价值观培育的效果评价中，分别从辅导员、寝室同学、班级同学、任课教师等几个方面来对教育效果进行全方位覆盖式评价，从而进一步得出比较准确的评价结果。如果作进一步的阐述，第一层面为决定性层面，主要为辅导员层面，辅导员是学生接触最多的老师，在判定方面起着至关重要的作用；第二层面为生活层面上，主要为班级同学、寝室同学等，这一层面的主体为学生，一个学生的发展离不开周围所有人潜移默化的影响；第三层面为外部层面，主要为任课老师层面，在大学阶段，学生会有很多任课老师，虽说接触的时间相对较短，有可能为一年或一个学期，但是每位学生的思想、学习方式、态度等会因任课老师而产生思想上的不同转变，所以在 360 度综合评估过程中，任课老师的存在也尤为重要。

（一）辅导员

辅导员是学生思想政治工作的骨干力量，专职从事学生思想教育和行为管理工作。作为大学生的直接教育者与管理者，辅导员不仅负责学生的生活学习工作，更负责关心学生的思想动态，对学生的关注也最多。因此，辅导员对学生平常的表现和思想政治素养等大多比较了解，再加上辅导员学历学识比较高，阅历比较丰富，所以对判定评价大学生社会主义核心价值观培育效果起着至关重要的作用。因此在设定标准上，在赋予权重时，要充分考虑辅导员地位与重要程度，其所占权重应该是相对最大的。

（二）寝室同学

寝室是大学生的一个小家，告别有父母在身边照顾的幸福生活，开始一种全然不同的生活，寝室的几个人无论家是否在本地，都是如此。俗话说“日久见人心”，随着时间的推移，寝室成员的交往不断深入，最初的陌生感逐渐消失，每个人的行为趋向最真实，由最开始的陌生到熟悉，直到最后成为真心朋友。由于彼此之间的朝夕相处，让寝室成员更能了解被评估者真实的性格、特点、优缺点及平常的表现。所以寝室同学在此评估方法中排行第二位，同样对了解大学生社会主义核心价值观培育效果起着很重要的作用。

（三）同班同学

每个大学生入学后都会进入一个班集体，这个班集体伴随着每一位大学生度过大学的四年生活。不同于寝室，班集体是一个需要团结协作的大集体，团支部活动、班级集体活动，哪怕是一顿简单的班饭，都是促进班级凝聚力最有效的途径。在活动中，同学们相互沟通、相互交流、促进合作，彼此之间的了解逐渐加深，学生之间的感情也更加浓厚。所以同班同学的评价也是十分重要的一个方面，在 360 度评估体系中也占有一定的比重。

（四）任课教师

大学中的任课教师不同于高中教师，也许大学任课教师不能与学生一对一地接触，也不能准确地叫出每一位学生的名字。但是每个学生对待学习的态度、对待学业的认真程度，都会从他们的作业、平时表现、学习成绩上表现出来。透过现象看本质，任课教师可以通过这些方面来看出学生的思想情况。因此，在学生社会主义核心价值观形成方面，任课教师也有很大的发言权，同样在 360 度评估体系中占有一定的比重。

通过360度评估体系，可以较为全面地了解学生的思想状态及学生社会主义核心价值观教育形成的情况。虽然涉及范围较广、覆盖面较全，但由于需要花费大量的时间进行采样及分析，所以周期较长。并且由于采样的随机性，可能会导致所选取的研究对象并不能完全代表其总体特征，导致出现错误，这是需要教师注意的一点。

三、360度绩效评估法有效应用的保障措施

（一）建立有效的绩效辅导机制

1. 管理者的支持

实施360度绩效评估，是一项系统工程，需要投入一定的财力和人力，首先必须获得高层管理人员的支持。应将360度绩效评估作为组织培训和发展系统的有机组成部分，形成制度化，定期、有规律地执行。换句话说，执行360度绩效评估应该慎重，一旦决定，就按照规定执行，不能出现管理者心血来潮就搞一次，下一次嫌麻烦就抛在一边的情况。此外，很多学生对评价抱有一种抵触的态度，实施新的评价方法更容易遭遇怀疑和阻力。获得高层管理者的支持，自上而下的推行，将利于实施的顺利进行。

2. 建立通畅的沟通渠道

要进行360度绩效评估，就需要考评人和各方人员进行沟通，如果沟通不通畅，或者沟通延时，则会影响数据的收集和整理，以及考评的结果。所以要建立通畅的沟通渠道。沟通渠道主要分为两种形式：一种是非正式沟通，比如课余时间通过微信、QQ了解情况；一种是正式沟通，比如书面报告、正式会谈等方式。有学者认为正式沟通的频率应该更高一些。笔者认为不应该固定某种方式，而是要结合实际情

况采取最为适合的方式。

3. 建立有效的反馈机制

在绩效评估过程中，绩效反馈是要最后进行的，很多时候，这个环节不受重视，甚至根本不进行。事实上，绩效反馈是一种很重要的交流渠道，可以让考核双方更加了解彼此，尤其是有利于二者之间就考核结果及绩效表现展开沟通和互动。绩效反馈对绩效加以肯定的同时，也意在挖掘存在的缺陷和短处，并以此为基础，对今后的工作加以修正和改进。试想，学生对于自己取得的成绩不清楚，又怎么能够对教师信服，也不能够让学生认识到自己还存在哪些问题，所以建立有效的反馈机制同样是一个重要的辅助机制。

（二）保障绩效评估的公平公正

1. 避免片面效应

考评主体受客观因素的制约，只见树木不见森林，绩效考评缺乏全面客观准确性。主要表现为：一是以偏概全，即依据考评客体在某项事件上的表现，由此及彼，对其整体工作或行为作出评价；二是晕轮效应，即在考评中仅把一个因素看作是最重要的因素，并根据这一因素对考评客体作出好坏与否的全面评价；三是近期误差，即只看近期的表现和成绩，以记忆和印象来代替考评客体在整个考评期间的表现情况；四是思维定势，用自己的思维方式衡量学生的言行，对符合自己赏识风格的学生给予高分，对非投其所好者则给予不恰当的低分。

2. 避免趋中效应

趋中效应就是在对他人进行评价的时候，无视考评客体实际绩效的差异性，给予其十分接近的考评分值，即将大部分学生都简单地评为“中”，只对一些通报和大家公认的优秀或落后分子稍作象征性差异性评价。这一现象在学生群体中非常常见，因为对于一些自己不熟悉的同学，过高或过低的分数都不合适，所以便会折中考虑。考评分值两头过小，中间过大，基本无好坏之分，这种毫无比较之意的平均主义不利于教师了解真实的情况。

3. 避免情感效应

在学生之间，一些关系不错的同学之间往往容易形成一种“交易”，即相互之间打一个较高的分数。这种情感效应同样会影响评价的准确性。所以为了降低这一情况发生的概率，教师应该采取匿名打分的方式。因此，教师需要采取预防措施保护考评者，在实施中应确保考评者的匿名性，以消除考评者（尤其是进行了情感“交易”的学生）的顾虑。只有当考评者确信自身匿名的可靠性，反馈回收的问卷才会更加真实可信，保证考评结果客观、真实。

第三节　基于模糊综合评价法的社会主义核心价值观培育效果的评价探究

一、模糊综合评价法概述

（一）模糊综合评价法的概念

在普通集合论中，某个元素要么属于一个集合，要么不属于这个集合，不存在中间过渡的其他情况。但在实际情况中，存在许多模糊概念，它们不能用普通集合表现，比如：温水与热水、老年人与中年人，这些概念的含义是不清晰的，它们之间的边界是不确切的。换言之，一组概念之间的差异往往存在中间过渡的形式，处于中间过渡的差异就具有“亦此亦彼”的性质。在人们处理自然现象时，通常在大脑中形成的概念都是模糊概念，对它们的判断和推理也往往具有模糊性。

模糊综合评价法是一种基于模糊数学的综合评价方法，该方法为了完成某项评价，根据模糊数学的隶属度理论把定性评价转化为定量评价，即用模糊数学对受到多种因素制约的事物或对象作出一个总体的评价。它具有结果清晰，系统性强的特点，能较好地解决模糊的、难以量化的问题，适合各种非确定性问题的解决。

（二）模糊综合评价法的特征

1. 模糊综合评价首重模糊性

对于不确定性较强的对象，往往以隶属度来评价从属程度，所以模糊综合评价的结果是一个集合，而并非确定的一个数值，这不但可以准确地表示出对象本身具有的模糊特点，而且在信息质量上比精确评价更为可靠。

2. 模糊综合评价具有定量的特点

对任何一个对象而言，影响其特点或结果的因素都是多方面的，这些因素可以转化为综合评价的各类指标，而这些指标显然具有不同的特点、价值以及尺度。模糊综合评价通过对这些指标中的模糊性指标进行量化处理，摆脱了传统的定性等级评价、宏观经验评价等多种评价的方法，采用模糊数学的隶属度原则来对模糊性指标进行定量取值。

3. 模糊综合评价具有一定的层次性

一般来讲，模糊综合评价的最终目标是实现对多个指标的综合处理，得出评价结果。在大部分的评价中，众多的评价指标会存在不同程度的分级和分体系。因此，具有一定的层次性，才能保障评价结果的科学性和准确性。

（三）模糊综合评价法的优点

由于评价因素的复杂性、评价对象的层次性、评价标准中存在的模糊性、评价影响因素的模糊性或不确定性，以及定性指标难以量化等一系列问题，使得人们难以用绝对的“非此即彼”来准确描述客观现实，经常存在着“亦此亦彼”的模糊现象，其描述也多用自然语言来表达。自然语言最大的特点是它的模糊性，而这种模糊性很难用经典数学模型加以统一量度。因此，建立在模糊集合基础上的模糊综合评判方法，从多个指标对被评价事物隶属等级状况进行综合性评判，把被评判事物的变化区间作出划分，一方面可以顾及对象的层次性，使得评价标准、影响因素的模糊性得以体现；另一方面在评价中又可以充分发挥人的经验，使评价结果更客观，更符合实际情况。模糊综合评判可以做到定性和定量因素相结合，扩大信息量，使评价速度得以提高，其结论可信。传统的综合评价方法很多，应用也较为广泛，但是没有一种方法能够适合各种场所，解决所有问题，每一种方法都有其侧重点和主要应用领域。如果要解决新的领域内产生的新问题，模糊综合法显然更为合适。

二、模糊综合评价法应用的可行性分析

（一）社会主义核心价值观评价内容的模糊性和评价范围的不确定性

社会主义核心价值观培养评价内容的模糊性和评价范围的不确定性，为对其进行客观评价带来了很大的难度，这主要体现在以下几个方面。

其一，是评价内容的模糊性。在社会主义核心价值观的效果评价中，显性的、直接近期的效果容易为人们所注意，但是隐性的、间接的、远期的效果就比较容易被忽视，对于

它们的实际评价也有很多困难。

其二，投入和产出的模糊性。社会主义核心价值观教育效果的投入包括显性投入和隐性投入，显性投入很容易理解，就是财力、人力、物力的投入；而隐性的投入，包括前期获得的教育效果或者是已经确立的教育形象，或者是已经有的关于社会主义核心价值观方面无形的方法等。因此，评价起来具有相当大的难度和挑战。

其三，是评价范围有很多不确定因素。比如学生对社会主义核心价值观的认同感和理解程度是社会主义核心价值观教育效果评价的一个重要指标，但是仅仅通过这一指标来判定是远远不够的，还应包括学生自身素质、道德品质的塑造等。

其四，评价学生社会主义核心价值观标准的不确定性。

其五，高校目前的社会主义核心价值观教育存在滞后性，先期获得的教育效果或者已经确立的教育形象，或者已经存在的教育成果在多大程度上对现有的教育工作产生积极影响，目前评价的教育效果是在哪一段时间的教育投入所获得的产出这些问题尚难以确定。

以上五点使得使用常规的评价方式难以获得一个比较好的效果，而模糊综合评价法的应用在一定程度上规避了一些问题，所以在大学生社会主义核心价值观培育效果的评价方法中，模糊综合评价法是一个不错的选择。

（二）运用模糊综合评价法构建社会主义核心价值观教育评价指标体系

评价指标体系的设计是模糊综合评价方法是否有效的基础，其基本途径是按照一定的标准逐层分解目标形成指标体系。社会主义核心价值观评价体系是指由各个评价指标相互区别、相互联系的，能够反映社会主义核心价值观教育评价指标体系的整体结构。社会主义核心价值观评价体系中应当把握评价机制和评价体系的统一、务实性和务虚性的统一、普遍性和差异性的统一、针对性和渗透性的统一。评价指标可以有很多种，比如效果指标、工作队伍的评价指标、对教育者的评价指标、对教育过程的评价指标等。鉴于高校社会主义核心价值观教育评价内容的复杂性和模糊性，综合一系列方法和方式，从更为广泛和全面的角度，可将社会主义核心价值观教育的评价体系设置为三级指标评价体系。

社会主义核心价值观的教育评价应该是对社会主义核心价值观的政策执行、主体效果、运行过程、信息系统、投入及环境的评价和综合，也是高校社会主义核心价值观教育评价中目标管理标准和社会效果标准相统一的内在要求。对社会主义核心价值观重视程度（政策导向）的评价包括教育机构的设置、人员配置和发展规划。对其主体的评价应为受教育者对社会主义核心价值观思想政治觉悟的提高、受教育者对其他人思想的影响、教育者的素质和结构以及教育者本身对社会主义核心价值观思想政治觉悟的提升；教育过程的评价包括社会主义核心价值观教育的系统性、科学性和创造性；教育系统的评价包括社会主义核心价值观教育信息的收集和管理、社会主义核心价值观教育的信息分析和应用；高校社会主义核心价值观投资和环境指标包括投入（人力与财力）和环境指标（内在环境，如良好的文化氛围和人际环境；外在环境，如稳定的国家教育环境和和谐的社会舆论风气等）。

三、模糊综合评价法应用的基本步骤

社会主义核心价值观教育系统评价是一项非常复杂的工作，为了能使其有效地进行，应遵循以下步骤。首先，根据社会主义核心价值观教育系统的目标、功能等要求对系统进行分析，确定评价指标体系，并对指标体系作出判断分析，从而确定各大类指标的设置和单项评价权重；其次，进行单项评价，得到系统在相应各评价指标下的实现程度，并对不同指标下不同量纲的实现值进行归性处理，由此得到模糊矩阵；再次，进行综合评价，根据指标体系，依次计算单项指标的综合评价值、综合各大类指标和系统的总评价值；最后，得到系统的最终评价等级。拟采用模糊综合评价法对社会主义核心价值观教育按照下列顺序进行整体评价。

（一）创建评价指标，确定指标评价集和指标评语集

探索大学生社会主义核心价值观培育效果的评价基本构成因子，主要表现在两个方面：一是对其正面影响指标和负面影响指标进行全面挖掘；二是针对心理、思维指标进行全面探索。这些指标的构建需要对相应的指标因子进行全面探索，使评价指标的重要构成要素能够科学明确，对于评价因素所产生的根本性作用能够起到具体说明作用。评价大学生社会主义核心价值观认识深度的主要途径为对评价指标中各项指标因子进行相应的分析，对大学生价值观形成的过程给予具体分析，针对人生观、价值观做出正确的抉择，针对指标构成因子的总结与分析，结合当今大学生思维方式的基本现状以及社会经济发展的主体方向对社会主义核心价值观的教育模式进行具体研究，以此为评价指标体系的合理构建提供重要保障，并为大学生社会主义核心价值观的有效形成提供指标因素分析，以确保模糊综合评价法在应用过程

中具有相应的数据说服作用。

（二）设立模糊综合评价参数，确定评价指标的权重并综合排序

对大学生价值观形成因子探究提供衡量范围，模糊评价参数的确立，对评价集合中因子影响作用值的有效确立形成直接作用，并能有效反映评价因子所具有的重要性，使评价因子自身在对事物发展过程中所形成的推动以及阻碍作用充分展现。大学生社会主义核心价值观模糊综合评价法的有效应用，需要对其模糊综合评价参数范围进行有效探索，以此对价值观形成所包含的范围以及设计的各个方面进行有效筛选，对影响大学生价值观形成的主要因素进行正确分析，而影响因子所包含的就是各个影响因素。通过对模糊评价参数以及控制范围的科学计算，客观分析评价因素集合中对因子自身所具有的影响作用，并使其正面以及负面影响功能进一步体现，从而更为客观地反映出对大学生价值观形成的积极推动作用以及消极阻碍作用的根本因素。通过具体计算为大学生社会主义核心价值观的准确性形成直观数据说明，在使影响因子的选择更具有说服力的同时，也为影响因子更深层次地探索提供相应的衡量范围，使因子之间所具有的内在联系不断增强。

权重是某一指标在总评价指标体系中所起作用大小和相对重要程度的变量。用层次分析法确定权重的方法是请专家按 1~9 标度法对属同一级的要素，用上级的要素为准则进行两两比较，确定某一层次目标中各元素的相对重要性，进一步构造判断矩阵，然后计算相对权重，并对其进行一致性检验。检验不通过，要重新进行成对比较；若检验通过，特征向量（归一化后）即为权向量。

由于参与评价的专家不一定对评审中的每一个问题都熟悉，而熟悉与否对评价的可靠性有相当大的影响。对评价结果进行处理时，常常要依据专家对评审内容的权威程度（专家权重），对专家评价意见进行综合处理。通过几何平均综合排序向量的方法来对多个判断矩阵进行计算，最后得到权重的综合排序向量。首先，计算所有专家给出的判断矩阵的权向量，根据专家给出的判断矩阵，按照上面的步骤，计算并验证各自的权向量；其次，计算权向量的几何平均数，然后对几何平均值进行归一化处理，进而得到组成的权重的综合排序向量；最后，计算群组判断的标准差，对于得到的目标层每个指标的专家群组判断，要进行一致性检验，即计算总体标准差，通过计算，最终得到准则层的权重集。

（三）建立模糊综合评价标准

为大学生社会主义核心价值观形成影响因子的有效性提供保障，模糊综合评价法的关键是通过对事物的制约因素进行有效归类及分析，对制约因子进行有效整合，使事物可行范围以及准确性不断提升，从而为事物发展的有效性提供保障作用。建立模糊综合评价标准，对评价因子的选择进行正确分析，使评价过程能够得到相应的理性分析。大学生对社会主义核心价值观的认同与认识立足于对影响因子的正确分析，准确分析制约因子所具有的作用，对大学生社会主义核心价值观形成的制约因素所具有的重要性进行归纳，以此避免大学生对社会主义核心价值观的认同与认识受到过多的困扰。

因此，模糊综合评价标准的制定，关键是为影响因子的选择标准提供正确的范围，使制约因子以及积极促进因子所具有的影响作用能够得到科学计算，使影响因子能够得到数据方面的客观分析，并使其在大学生社会主义核心价值观的认同与认识中所具有的正面以及负面作用充分体现，从而为其模糊综合评价体系的科学构建提供重要的保障作用，同时对影响因子的选择范围形成尺度上的严格要求。

社会主义核心价值观培育的效果评价是思想政治教育过程的必要组成部分，它体现了高校社会主义核心价值观教育实施的实际效果，通过总结经验和教训，为教育者进一步实施高校社会主义核心价值观教育工作奠定了基础，同时为恰当地评价教育者的工作成绩提供了客观依据。

第四节　基于调查研究法的社会主义核心价值观培育效果的评价探究

一、调查研究法概述

（一）调查研究法的概念

《中国大百科全书》中对“调查研究”的定义是“调查研究是人们了解情况取得正确认识的根本方法”。我们经过文献整理后认为调查研究是通过考察事实、了解现状、搜集材料等方法来认识问题或探讨现象之间联系的研究方法。也可以简单地理解为调查研究就是通过科学的手段来认识问题、研究问题、解决问题的方法。调查是指通过多种途径，运用多种方式方法，有计划、有目的地了解事物真实情况；研究是指对调查材料进行去粗取精、去伪存真、由此及彼、由表及里地思维加工，以获得对客观事物本质和规律的认识。可以看出，二者既有明显区别又有紧密联系，调查是研究的前提和基础，研究是调查的发展和深化，二者是相辅相成的关系。也可以这样理解调查和研究的关系，即调查是对事物的描述性统计，解决的是“是什么”的问题；而研究是对事物的推断性统计，解决的是“为什么”的问题。

（二）调查研究法的功能

通过调查研究对社会主义核心价值观培育效果进行评价，可以在有目的和有意识地、系统地、直接地搜集有关社会现象的资料的基础上，对资料分析、研究，科学地反映社会主义核心价值观培育的真实效果。通过总结经验和教训，有针对性地对教育功过工作进行指导。

调查研究的基本功能有以下几点：一是了解新事实，调查研究可以发现工作中的新事实、新问题，反映现实工作中产生的新现象，通过系统全面的调查研究，全面清晰地了解当前情况，从而对工作加以改进和调整，进一步完善和推动工作的进步。二是寻找新因果，调查研究过程就是探索事物因果关系的过程，探索事物内部的发展规律，能够帮助我们更清楚地认识事物的本质，更全面、更及时地分析问题产生的原因。三是提出新建议，根据了解的新事实，并寻找问题产生的原因，经过总结归纳，结合实际，提出解决问题的合理办法，从而为决策者提供合适的建议和意见。四是服务新决策，根据调研结果，制定和改进相应举措或者出台相应文件等。了解新事实是前提，寻找新因果是基础，提出新建议是过程，而调查研究的最终目的是给决策提供服务，以便进一步增进工作指导力，增强工作执行力。

二、调查研究的基本原则

（一）客观性原则

所谓客观性原则，就是坚持物质第一性、意识第二性原则，要求研究者对客观事实采取实事求是的态度，坚持客观性，不能凭想当然，随心所欲地给客观事物注入主观臆想的成分，而应随时随地从客观实际出发，研究全部的客观材料和事实，透过事物的现象寻求事物的内在联系及事物的本质，把握它的发展规律，从而得到对现象的正确认识。

第一，必须区别客观事实和意识事实。客观事实是指人的行动、行为和人在生存关系及条件中创造的客观情况。它们同各种意识形态具有原则上的区别，客观事实表现的是与社会意识形态相一致的社会行动，而社会意识又是由一定的物质的社会关系总和决定的。在调查研究中，只有区别客观事实和意识事实，才能不被意识所左右，才能通过对客观事实认真研究，获得对事物本质的规律性的科学认识。

第二，要有实事求是的精神和勇气，有较高的社会学理论水平和道德修养。在调查研究中，必须尽最大的可能，排除主观因素，深入实际，掌握第一手材料，从客观事物本身出发，引出合乎事实的而非主观臆想的结论。

（二）发展性原则

所谓发展性，就是指用运动、变化发展的观点来观察事物。因为世界上的一切事物都是运动变化和发展的，一切事物都是在产生、发展和衰亡的过程之中。因此，要认识事物的本质和规律性，就必须坚持用发展变化的观点去认识事物。真理在事物发展过程中展现各种现象也是如此，是不断发展变化的。如今社会的高速发展，事物变化的速度会不断加快，新旧交替的周期也在不断缩短。这就要求我们在观察某些现象的时候，不应当认为它们是静态的，而应当认为它们是动态的。也就是说，不仅要着眼于过去和当下，也要着眼于将来。因此，在调查研究中，应克服静止、僵化的思想，要用发展的眼光来看待调查研究的对象，既要看到它的过去，又要研究它的现在，还要预测它的未来；既要分析它存在的理由，又要找出它变化的根据；既要把握它的现实性方面，又要掌握它的可能性范围；既要了解它的量变，又要注意它的质变。这样，调查研究才能适应对象发展变化的需要。

此外，调查研究存在长期性和反复性的特点。由于调查研究的形式和内容随着事物形式变化而变化，调查研究中得到的结论具有局部性和暂时性，不能用此时此地的调查研究结论去解决彼时彼地的问题。因此，要解决新问题，就要进行新的调查研究，得出新的认识。把调查研究的结论看作是一成不变的，正是缺乏发展性观点的表现。由此可见，研究者要想把握事物发展变化的脉搏，就应在调查研究中坚持发展性的原则。

（三）理论实践相统一原则

调查研究要求搜集、比较和统计那些反映现实联系的各种各样的经验材料，并对经验材料进行加工、分析与综合，最后作出理论解释。但是，如果仅仅把调查研究看作是种对经验的研究，这是片面的。因为，单纯的经验研究，哪怕做得非常细致、精密，如果不上升到理论的高度，也难于取得调查研究的成功。因为统计情报只限于对原始资料进行加工并使之系统化，并不能为我们提供新的认识。它只是调查研究必需的阶段之一。经验的材料应当服从于理论任务，只有理论研究的结论才能为我们提供关于一些现象存在的新的认识。无论是在搜集材料的过程中，还是在统计、分析与综合的过程中，都离不开理论的指导。正确的理论和方法论为调查研究提供了揭示现象本质和规律性的可能。因此，脱离了理论的经验研究是盲目的实践，而脱离了经验研究的理论则是僵化的、无生命力的教条。只有在理论研究与经验研究的统一中，调查研究才富有生命力。

调查研究的内容和目的是由实践的需要所决定的，正是实践的需要提出了社会调查的任务、课题，推动我们去进行调查，并检验这些调查结论的正确程度。正是在这个意义上，我们把实践作为调查研究的出发点和归宿点。当然，在具体的调查研究过程中，理论则是先于实践的，因为没有理论前提，便不可能有任何对现象的经验研究。理论判断和结论决定调查研究的方向，它引导我们提出问题、分析问题和准确地表达问题，并建立检验假说的前提。在这里，理论判断同时也是经过研究要达到的目的。因为调查研究的目的，并不在于搜集一大堆经验的材料和关于现象的统计数字，而在于通过对这些经验材料的研究，作出对现象的本质和规律性的说明，从而不仅使我们认识产生这些过程和现象的原因，而且帮助我们预测其未来发展。

（四）定量研究与定性研究相统一原则

教育活动属于人类实践的领域，实践是人类教育产生和发展的源泉，人类的生活是由个体丰富而又独特的不同经验和多种因素交织在一起而呈现的一种复杂的人文现象。教育是这种复杂的社会人文现象的一个部分，既包含着客观事实，又包含有人文价值和意义，它具有历史性和社会性。以自然科学所特有的方法来把握教育这种人文现象，使对教育活动的描述达到数学化和精确化，这只能造成人们对教育的曲解。以自然科学的态度来对待教育，无疑是把教育活动等同于自然的物质现象，把人的实践方式等同于自然的、物理的运动方式，使教育这种人文现象具有其独特性。纯粹地把教育现象等同于没有参考的自然现象进行研究，很难揭示教育现象的独特性和本质性。因此，用定量研究方法来研究教育，其局限性是显而易见的。在对许多问题的研究中，定量研究时常无用武之地，并且囿于教育浅层次的现象，而对深层次的理论问题一筹莫展。用数据等资料难以揭示教育活动内在的交互作用关系。并且教育现象是多层次的、复杂的，当人们力求做到客观、精确而从某一角度对它进行有限的研究，必然带有某种主观性，不可能是纯客观的。

值得注意的是，定性研究是在对定量研究的反思与批判中成长起来的。运用定性研究方法，一方面有利于从整体上把握教育活动；另一方面有利于对教育现象有一个比较全面和正确的认识。但定性研究的局限性也是显而易见的：首先，定性研究对研究者的要求过高，这不是一般的研究人员所能达到的；其次，定性研究的主观性也的确存在，研究者的参与会导致角色和情感冲突，这也是一个应该考虑的因素。人们清醒地认识到，定性研究与定量研究的区别是显而易见的，在教育研究领域中，定量研究和定性研究单独使用都无法解释或回答所有的问题。不同的研究方法之间不应该对立，而应是互为补充的、互相支持的。定量研究与定性研究只是从不同的侧面，用不同的方法对同一事物进行研究。因此，在调查研究中，要克服那种非此即彼的做法，要把定量研究与定性研究结合起来，使教育研究方法从对立走向统一与多元，这应该成为我们进行教育研究必须遵循的基本原则，这也是教育教学研究方法发展的方向。

三、调查研究的一般程序

调查研究的程序是调查研究的合理化与系统化的步骤，换句话说是调查研究工作实际展开的基本顺序和步骤。在具体的调查研究中，针对不同的课题，具体的工作阶段也许是不同的，但工作的步骤却基本相同。一般说来，调查研究包括四个阶段：准备阶段、调查阶段、研究阶段和总结阶段。调查研究的这四个阶段的先后顺序，在具体工作中不能颠倒，不能跳跃，只能依次顺序展开。下面分别介绍这几个阶段中应完成的各项主要工作。

（一）准备阶段

此阶段主要完成的工作包括：确定调查课题、提出研究假设、设计调查方案和组建调查队伍。确定调查课题是进行一项调查研究的首要前提，它是通过对现实问题的探讨，来选择、确定研究课题，明确调查任务。在进行初步探索性研究时，一般需要有意识地寻找与课题相关且能对课题研究起到指导作用的理论。通过对这些理论的分析，研究人员可以筛选与研究课题相关的基本概念，并在这些理论的基础上，提出研究假设。

一旦从理论上提出了研究假设，接下来就应该具体地设计调查方案。调查方案的设计，首先是确定调查对象和调查指标，在此基础上将研究假设操作化，即由概念描述的理论假设转化为由指标描述的操作化假设。其次，调查方案应包括调查研究的类型和方式方法。若调查研究采用的是抽样调查则应制定出详细具体的抽样方案，明确调查范围、对象等。第三，调查方案制定后，要从调查时间、地点、所需经费等进行可行性论证。调查方案论证通过后，就需要组织调查队伍，这包括对调查人员的选择、培训和组织。另外还需准备好社会调查中所需要的各种物质技术手段。

准备阶段虽然是调查研究的初始阶段，但它对整个调查过程有重要的意义。能否找到一些关键性的问题，科学地提出理论假设，对于减少调查的盲目性有很大意义。而调查方案的科学性，调查人员选择的优劣则直接关系到调查工作是否能够顺利展开。实践证明，一些调查失败的一个重要原因就是因为准备工作做得不充分。

（二）调查阶段

调查阶段是整个调查研究过程的中心环节，可以说整个调查研究工作都是围绕这一阶段展开的。这个阶段的主要任务是根据调查方案中确定的调查方式、方法，收集有关资料。调查阶段是调查者与被调查对象面对面直接接触的一个阶段，是调查者受种种外部因素制约而无法完全控制自己工作进程的阶段。正是由于这是一个调查者自己不能完全把握的阶段，所以调查者应注意协调好与自己调查任务有关的各方面关系。

另外，调查阶段是调查人员深入调查现场，获取第一手感性资料的关键阶段。为了能够保证系统、客观、准确地获取经验材料，在这个阶段要特别注意采用有效的调查方法获得资料。虽然调查的方法在准备阶段已根据课题在调查方案中确定了，但调查人员在进入现场后，要根据具体情况进行调整和补充。在收集资料的同时，还要及时对资料进行粗略的审核与整理，使其系统化，以有利于查阅和发现问题。当然，在这个阶段，调查人员最不容忽视的一项工作就是要认真、详细、准确地做好调查记录。

（三）研究阶段

研究阶段主要任务是在调查结束后，对调查资料进行系统的整理、分类、统计分析和理论研究。调查资料的整理、分类是对调查的文字资料和数字资料进行全面的复查、核对、归类。在这个过程中，一些虚假、错误的资料要被清除，而一些不全的资料也经过技术上的处理得到补齐，并且还对大量原始资料进行初步加工，使之更简明、更系统、更具条理，便于进一步分析研究。

调查资料的统计分析是运用统计学的原理和方法，对经过初步整理、归类的调查资料进行数量分析，揭示某些现象的数量关系及事物的发展规模、水平、结构和比例。通过统计分析可以大致显示出研究假设成立与否，为进一步理论研究提供准确和系统的数据资料。特别是随着电子计算机技术的不断发展，统计分析的精度和效率也在不断提高。统计分析和电子计算机数据处理技术的有机结合，是时代发展赋予调查研究的突出特点之一。

调查资料的理论研究是运用逻辑方法及与调查课题有关的各专业学科的理论，对整理、分类后的文字资料和统计分析后的数据资料进行理论分析，揭示某些现象间的内在联系，说明某些现象的前因后果，从而对自己的理论假设的真伪作出判断，最终发现事物发展的一般趋势和规律。

（四）总结阶段

总结阶段是调查研究的最后一个阶段，在这个阶段中最重要的任务是撰写调查报告，同时还要对调查研究工作进行总结，并对调查结果进行评估。撰写调查报告是任何调查研究工作中不可缺少的工作，它是将调查结果或研究结论以书面的形式进行说明。在调查报告中，除调查研究结论外，还应对研究过程、研究方法、政策建议，以及调查研究中的一些重要问题或下一步调查研究的设想进行系统的陈述。

总结调查工作，包括对调查工作的全面工作总结以及调查工作的主要参与者的个人总结。调查工作的总结应侧重调查工作的时点选择、组织工作和实施情况，要善于通过总结，积累成功的经验，吸取失败的教训，特别是要注意寻找改进调查工作的途径和方法，为今后更有效地进行调查工作奠定基础。

评估调查成果，主要是从学术价值和教育价值两方面对调查成果作出全面、客观的评价。从学术上进行评估，主要是看此项调查的研究方法、研究程序，所提供的文字和数据资料，所进行的统计分析、理论研究，所得出的研究结论等方面是否有错误，具有多大的学术价值；而教育价值评价则是从教育应用的角度对调查结论的采用率、转引率及对实际工作的指导作用，作出实事求是的评估。

调查研究的四个阶段是一个有机的整体，各阶段之间相互连接、互相关联，共同构成调查研究的完整过程。

四、具体方法

（一）文献法

1. 文献法的概念

文献法是通过搜集各种文献资料，摘取与调查课题有关的情报的方法。从某种意义上说，开展任何一项调查工作，都离不开对前人关于该问题的记载与研究成果的了解和利用。对调查研究课题相关资料掌握得越多，越能更深入和全面地把握课题所涉及的方方面面的问题，能否大量搜集和充分利用各种文献，是开展调查研究工作的一个重要基础条件。

2. 对文献资料的要求

从满足调查研究工作需要的角度出发，所收集的文献要符合以下三点基本要求。

（1）全面性

要围绕调查研究主题，从不同方面、不同角度、不同层次全方位地搜集与调查课题有关的文献，使所搜集的文献在内容上要尽可能丰富、系统。对某一问题而言，既要有历史的文献，也要有最新的资料；既要有正面的材料，也要有反面的材料；既要有赞成的意见，也要有反对的意见；既要有典型材料，也要有综合材料。从文献内容上，要求搜集的文献越丰富越好。

（2）多样性

在文献形式上，只要是与调查课题有关的文献，无论是书面文献，还是图片、声像资料；无论是公开出版物，还是内部资料、各种档案文卷；无论是图书报刊，还是数字、报表，都要尽可能地搜集。所搜集的文献形式越多，将来可以选择、利用的余地就越大。

（3）时效性

新近的文献资料往往反映了社会现象的最新变化动态和人们的最新研究成果。所以，所搜集的文献要尽可能地包含反映调查课题进展情况的最新资料和信息，以提高调查研究成果的时效性和实际应用价值。当然，这不是说旧的文献资料没有参考价值，因为很多问题是一直存在的，很多旧的文献资料在对问题的剖析上十分深刻，有着非常高的参考价值。但事物都是发展的，在新的时期，必然会出现新的问题，所以时效性的问题也是我们必须要注意的一点。

3. 文献分析的方法

文献分析的方法很多，在此，笔者仅介绍两种最为基本的方法。

（1）传统的分析方法

传统分析方法指研究者从自己所要证明的课题和自己的观点出发解释和说明文献的内容。任何文献都不是为后来的研究者达到自己的研究目的而建立的，而是有其自身的目的。对于研究者来说，能证明他的观点，从而使他感兴趣的材料以隐蔽的形式存在于文献的内容之中。传统分析的目的，就是把资料的这种原始形式，即符合文献本身建立目的的形式，改变为研究者所必需的形式。

传统分析法的优点是能把握文献的最深刻、最隐蔽的内容。它能抓住其主要思想和观念，能彻底研究这些思想和观念的形成过程，能阐明思想和观念所依据的逻辑，估量它们的后果，等等。但这种方法也有明显的缺点，就是分析的主观性。由于传统分析法是研究者对文献内容的解释和说明，所以，无论他多么认真，并力求公正、客观地研究文献，但他的解释总会多多少少打上主观的烙印。这种情况依文献的形式和内容，以及研究者的知识和经验不同而有所轻重。

（2）内容分析法

内容分析法是对文献内容作系统的、数量化的、客观的统计分析，从而验证研究者的假设或证明某种论断的方法。这类分析法最基本的特点是，在文献中找出既反映文献内容的实质，又易于计量的特征、特点及属性。内容分析所得的结果，一定程度上克服了传统分析主观性的弱点。但是，在众多的文献中，不是所有的内容都能找到容易测量的指标。所以，这种方法不能完整详细地揭示文献的内容，而只能对文献作粗略的分析，这是内容分析法的主要缺点。

概而言之，任何一种方法都有其优点，也都有其局限性，研究者要根据具体的情况采取不同的方法，或者采取多种方法结合的方式，以便使文献资料发挥出最大的价值。

（二）观察法

1. 观察法的概念

观察法是调查研究中一种常用的搜集资料的方法。这种方法是指调查者或研究者凭借直接的感知接触观察对象，为实现调查研究的目的，从实地、实事、实物搜集有用的资料的一种方法。一般来说，观察法的应用是观察者伴随着事件进程，对观察对象直接感知的真实记录，因此，用观察法搜集来的资料具有一定的可靠性。

2. 观察法的优缺点

（1）观察法的优点

观察法的最大优点是直观性和可靠性，因为研究人员在观察中，不需要借助于任何其他中间环节，直接与观察对象接触，能够获得大量生动的、具体的第一手资料。同时，在观察研究中，由于研究者没有直接与被观察者接触，所以被观察者是自然状态，呈现出的东西也更加真实。此外，观察法简便易行，限制较少，灵活性很大，观察人员可多可少，观察时间可长可短。

（2）观察法的局限性

观察法作为一种实地调查方法被使用时，最大的局限是它的主观性和偶然性，它缺乏系统性。这是因为观察活动一般由个人完成，观察结果一般会受到人的主观意识的影响。观察者在进行观察时，很难不加入自己的情感、好恶，这样难免使观察结果带有主观性。而且观察者的知识、能力各不相同，加之每一次具体观察，都是在特定的时间、地点、条件下进行的，就使观察结果带有很大的偶然性。

3. 观察法的实施

（1）制订观察计划

为保证观察过程的圆满完成，在观察前必须制订严格的观察计划。在制订观察计划时，首先应明确观察对象、说明观察意义、规定观察目的、提出观察任务，然后对参加人员，观察时间以及所需经费、物资等有所阐述。简言之，在制订观察计划时，必须回答观察什么，如何观察，在何时何地观察，谁去观察和怎样观察等一系列问题。

（2）现场观察

在这个阶段里，观察人员是在观察现场实地进行观察，一般观察人员应尽可能按观察提纲进行观察。在条件允许的情况下，可在小范围进行试观察，以完善和修改观察提纲。在观察中，所有观察人员的工作是协调和同步的，组织者也要不断对整个观察活动进行指导。否则，可能会因时间上的差异和观察对象间的接触交往而影响资料的一致性和真实性。

（3）资料整理

在这个阶段，最主要的任务是对观察结果进行整理分析，得出观察结论，验证理论假设。具体应做如下几项工作：①审核、分类和汇总观察资料；②分析汇总后的资料，得出观察结论，对理论假设进行验证。

（三）抽样调查法

1. 抽样调查的概念

抽样调查是一种非全面调查，它是从调查对象中按随机原则抽取一部分单位构成样本。在对样本进行调查后，用样本的数据资料对调查对象即总体的数量特征作出估计推断，并且这种估计推断具有一定的精确性和可靠性，从而达到对全部研究对象的认识。

2. 抽样调查的误差

当用样本指标推断总体指标时，总会存在一定的误差。误差产生的原因主要有两个方面：一类是登记误差，即在调查过程中，由于主客观原因造成的登记上的差错引起的误差；另一类是代表性误差，即样本单位的结构不足以代表总体特征造成的误差。代表性误差又有两种情况：一是由于违反抽样的随机原则或在进行抽样方案设计时出现问题造成系统性的误差。对于这种误差，在进行抽样方案设计和组织抽样调查时，应采取措施预防发生或把它降到最低程度。二是偶然性的代表性误差。样本是从总体中随机抽选的，不同的样本其样本指标也是不相同的，是一个随机变量。而总体参数是一个定值，当用不同的样本指标去估计同一个总体指标时，或者说用一个随机变量去估计某一个定值时，就会产生偶然性代表性误差，而这种误差在随机抽样调查时是不可避免的。所以说，在抽样调查中，误差不可避免，这一点是需要研究人员掌握的。

3. 抽样调查的方法

按抽样的组织形式，抽样调查的方法大致可分为简单随机抽样、类型抽样、多阶段抽样等。

（1）简单随机抽样

简单随机抽样又称纯随机抽样，即对总体不作任何处理，按随机的原则直接从总体的全部单位 N 中抽取 n 个样本单位，保证总体中每个单位在抽选时都有相等的被抽中机会。简单随机抽样是抽样中最基本也是最简单的方式，适用于均匀总体，即具有某种特征的单位均匀地分布于总体的各个部分，使总体的各部分都是同分布的。在进行抽样调查之前应该先确定总体范围，并对总体的每个单位进行编号，形成明确的抽样框。

（2）类型抽样

类型抽样又称分层抽样或分类抽样。它是根据对总体的了解，将总体依照某一种或几种特性划分成若干类型，分为几个子总体，每个子总体称为一层或一个类型。然后从每一层中随机抽取一个子样本，将这些子样本合在一起即为总体样本。通过分类，可以把总体中标志值比较接近的单位归为一组，使各组的分布比较均匀，而且保证各组都有中选的机会，这样在样本数量一定的条件下，计算的抽样平均数指标变异程度也就比较小，缩小抽样平均误差。

（3）多阶段抽样

在抽选样本时，如果直接从总体中通过一次抽样就能取得一个完整的样体，称为单阶段抽样，前面的几种抽样方法都是单阶段抽样。如果将整个抽样过程分成若干个阶段进行，最后阶段才能抽取到样本称为多阶段抽样。多阶段抽样又称多级抽样。在进行大规模调查时，如果抽样单位只有一级则很难建立抽样框。多阶段抽样通过采用由多级抽样单位过渡到终级抽样单位的方法，解决了最终级单位不易获得的抽样框问题，并且可以使样本的分布较为集中。此外，多阶段抽样在各阶段抽样时可根据具体情况灵活选取不同的抽样方法，因此能够综合各种抽样方法的优点，提高样本的质量，特别适用于调查范围大、情况复杂的调查对象。当然，多阶段抽样由于在每一阶段抽样时都会产生误差，所以经多阶段抽样得到的误差也会相应增大。

（四）问卷调查法

1. 问卷调查法的概念

问卷是调查者依据调查目的和要求，按照一定的理论假设设计出来的，由一系列问题、调查项目、备选答案及说明组成的，目的是向被调查者收集资料的一种工具。通过设计问卷，利用所设计的问卷来进行调查、获取资料的方法称为问卷调查法。

2. 问卷调查的优缺点

（1）问卷调查的优点

由于问卷法可以在很短时间内同时调查很多人的情况，因此，采用这种方法收集资料具有很高的效率。此外，由于问卷中的问题是调查研究人员把所调查研究的概念、变量进行操作化处理后所得到的结果，其答案又都进行了预编码，所以问卷调查所得资料很容易转换成数字，也很容易输入电子计算机。因此，问卷调查法所获得的资料便于定量处理和分析。

（2）问卷调查的局限性

由于被调查者填写问卷时，往往没有调查人员在场，因而对他们填答问卷的环境无法控制，被调查者既可以同别人商量填写，也可以和其他人来共同完成，甚至还可能完全交给别人代填。而所有这些情况调查者都无法知道，所以所得资料有时并不能真实地反映调查样本的情况。此外，问卷调查虽然避免了调查者主观因素的影响，却不可避免被调查者的主观因素的影响，尤其在涉及被调查者自身情况的时候，这种主观因素的影响就更加不可避免。

3. 问卷调查的实施

一般来讲，问卷调查的实施过程包括如下几个步骤。

（1）确定问题的内容和类型

问卷法的特点是以问题的形式反映调查的主题和目的。在选定了调查课题之后，就要考虑以哪些方面的问题来表达主题的内容，以什么样的问题形式来实现调查的目的。因此，在确定使用问卷法之后，第一步就要确定问题的内容和类型。

（2）具体问题的设计

在选定了问题的内容、类型之后，第二步就要进行具体问题的设计。具体问题的设计是问卷法实施过程中的核心部分，因此要细心、认真。在设计问题时，要考虑到同一内容怎么问效果最佳，怎么回答其所得的材料信度更高；同时注意问题与主题无关、问题模棱两可、问题含糊不清以及诱导性问题等错误的出现。

（3）问卷的发放与回收

给被调查对象发放问卷，并规定问卷填写的时间。在规定时间内，组织人员回收调查问卷。为了使问卷回收率达到百分之百，在发放问卷时就要和调查者做好约定。

（4）整理和分析问卷

回收问卷之后，对问卷进行整理和分析。问卷的整理包括对不合标准的问卷的处理和对所得结果的整理。不合标准的问卷要挑出来；对合乎标准的问卷，要进行系统的整理和分析。通过对问卷的整理和分析，得出相应的结论，并在此基础上进行调查报告的撰写，从而完成问卷调查法的整个实施过程。

参 考 文 献

[1] 石云霞 . 当代中国价值观论纲 [M]. 武汉 : 武汉大学出版社 ,1996.

[2] 王玉梁 . 理想 信念 信仰与价值观 [M]. 西安 : 陕西人民出版社 ,2001.

[3] 杨德广 , 晏开利 . 中国当代大学生价值观研究 [M]. 上海 : 上海教育出版社 ,1997.

[4] 张岱年 . 文化与价值 [M]. 北京 : 新华出版社 ,2004.

[5] 季明 . 核心价值观概论 [M]. 北京 : 人民日报出版社 ,2013.

[6] 陈章龙 , 周莉 . 价值观研究 [M]. 南京 : 南京师范大学出版社 ,2004.

[7] 彭志强 , 刘燕 , 王湘云 . 卓越执行 [M]. 北京 : 机械工业出版社 ,2005:68–72.

[8] 龚怡祖 . 论大学人才培养模式 [M]. 南京 : 江苏教育出版社, 1999:42.

[9] 马克思 , 恩格斯 . 马克思恩格斯选集 (第 1 卷)[M]. 北京 : 人民出版社 ,1995.

[10] 孔德永 . 当代我国主流意识形态认同建构的有效途径 [J]. 马克思主义研究 ,2012(6):91–99.

[11] 朱云生 . 论主体创新能力的特点及其影响因素 [J]. 科教文汇 (下半月),2006(11):204–205.

[12] 罗云 , 孙东平 . 世界一流大学学科建设的基本经验及其启示 [J]. 高等理科教育 ,2006(3):64–69.

[13] 刘左元 , 李林英 . 对新媒体环境下大学生意识形态安全的认知与思考 [J]. 学校党建与思想教育 ,2012(3):14–16.

[14] 王世忠 . 关于教育政策执行的涵义、特征及其功能的探讨 [J]. 培训与研究 (湖北教育学院学报),2001(1):64–68.

[15] 蔡敏 . 论教学过程中的学生情感评价 [J]. 中国教育学刊 ,2004(3):54–58.

[16] 李卫平 . 大学生社会主义核心价值观培育中的对策研究 [J]. 时代

报告,2020(2):8–9.

[17] 库佳兴,樊瑞科.网络文化消费对大学生社会主义核心价值观培育的双重影响及提升策略[J].石家庄铁道大学学报(社会科学版),2020,14(1):83–89.

[18] 李晓丹.自媒体视域下的大学生社会主义核心价值观认同培育[J].学校党建与思想教育,2020(4):74–75.

[19] 杨智光,唐珊.辅导员利用互联网培育大学生社会主义核心价值观方法探析[J].学校党建与思想教育,2020(4):92–94.

[20] 潘宛莹.群体意识形态与大学生社会主义核心价值观培育研究[J].通化:通化师范学院学报,2020,41(2):100–104.

[21] 李宁,邓英特,徐先凤.大学生社会主义核心价值观培育的路径探析[J].河南教育(高教),2020(2):19–21.

[22] 李叶枫.运用中国优秀传统文化培育大学生社会主义核心价值观研究[D].重庆:重庆师范大学,2017.

[23] 缪灵.云南省大学生社会主义核心价值观培育研究[D].昆明:昆明理工大学,2019.

[24] 邓登瑶.运用自媒体培育大学生社会主义核心价值观[D].厦门:厦门大学,2018.

[25] 黄磊.新时代高校大学生培育和践行社会主义核心价值观的“四个结合”[J].宿州教育学院学报,2019,22(6):65–67.

[26] 吴涯,陈跃娟.立德树人视域下大学生社会主义核心价值观的培养路径探究[J].现代职业教育,2019(35):12–13.

[27] 齐贵云.移情视角下大学生社会主义核心价值观的培育[J].浙江工商职业技术学院学报,2019,18(4):58–61.

[28] 周宇,王倩玉,孙铭烁.文化自信视域下的大学生社会主义核心价值观认同教育路径研究[J].产业与科技论坛,2020,19(3):134–135.

[29] 李丹.成人执行力现状及教育提升策略[J].中国成人教育,2017(4):73–75.

[30] 谢韶旺,陈夏青,韩春生.改善大学生“执行力弱”的策略研究[J].时代教育,2017(5):55.

[31] 余毅晖 . 职业发展视域下大学生执行力的培养 [J]. 教师 ,2020(2):125−126.

[32] 田丰 . 大学生社会主义核心价值观培育应注重培根铸魂 [J]. 学校党建与思想教育 ,2020(2):87−89.

[33] 何美子 , 洪晓楠 , 方明豪 . 大学生社会主义核心价值观认同实证研究 [J]. 思想理论教育导刊 ,2020(1):100−104,127.

[34] 于杨 , 解丽君 , 王宇翔 . 论大学生社会主义核心价值观的有效培育 [J]. 新西部 ,2020(2):127,54.

[35] 朱明洁 , 丁保会 . 西部民族学生社会主义核心价值观培育——基于“课堂构建”视角 [J]. 黑龙江教育 (理论与实践),2020(1):8−10.

[36] 刘国强 , 李长亮 . 中华优秀传统文化与女大学生社会主义核心价值观教育融合研究 [J]. 山东农业工程学院学报 ,2020,37(1):132−138.

[37] 杨彬彬 . 榜样教育与大学生社会主义核心价值观培育研究 [D]. 杭州 : 杭州电子科技大学 ,2016.

[38] 张明选 . 大数据时代广西高校大学生社会主义核心价值观培育研究 [D]. 南宁 : 南宁师范大学 ,2019.

[39] 李远菊 .“网络大 V”与大学生社会主义核心价值观培育研究 [D]. 重庆 : 重庆邮电大学 ,2018.

[40] 武传钟 . 大学生社会主义核心价值观内化教育困阻探究 [J]. 智库时代 ,2019(48):118−119.

[41] 周洪峰 . 大学生创业创新能力培育途径的探索 [J]. 智库时代 ,2017(11):89,92.

[42] 姚威 . 艺术校园文化建设中大学生创新能力培育研究 [J]. 襄阳职业技术学院学报 ,2017,16(5):108−110,129.

[43] 张小军 . 新时代大学生科研创新实践能力培育路径研究——以“法学研究方法与论文写作”课教学为例 [J]. 陕西教育 (高教),2019(6):12,21.

[44] 向楷雄 , 王文浩 , 陈晗 , 等 .“陶冶”成长辅导室平台下的大学生创新创业能力培育路径研究——以湖南工业大学冶金与材料工程学院为例 [J]. 新校园 (上旬),2017(9):46−47.

[45] 罗湘明 . 基于社会主义核心价值观培育的大学生心理健康教育策略探析 [J]. 创新创业理论研究与实践 ,2019,2(22):186−187.

[46] 邓登瑶 . 运用自媒体培育大学生社会主义核心价值观 [D]. 厦门 : 厦门大学 ,2018.

[47] 望运来 . 大学生社会主义核心价值观培育现状调查研究 [D]. 武汉 : 武汉工程大学 ,2018.

[48] 王广志 . 大学生社会主义核心价值观认同教育研究 [D]. 长春 : 吉林建筑大学 ,2017.

[49] 朱玉芹 . 社会主义核心价值观培育国内研究综述 [J]. 长江丛刊 ,2019(31):184−185.

[50] 孙迎光 . 一部实证研究大学生社会主义核心价值观教育的力作——评《大学生社会主义核心价值观培育机制创新研究》[J]. 邓小平研究 ,2019(6):126−128.

[51] 张天华 , 柴丽娜 . 社会主义核心价值观教育融入大学生创业精神培育模式 [J]. 沈阳农业大学学报 (社会科学版),2019,21(4):439−443.

[52] 宋传盛 . 互联网时代大学生社会主义核心价值观培育路径探析 [J]. 教书育人 (高教论坛),2019(30):48−49.

[53] 卜慧楠 , 石旭 , 侯建 . 新时代大学生社会主义核心价值观培养方法创新研究 [J]. 邢台职业技术学院学报 ,2019,36(5):42−45,49.

[54] 袁飞 , 才珠措姆 , 沈玲 . 内地高职院校少数民族大学生社会主义核心价值观认同教育研究 [J]. 福建茶叶 ,2019,41(10):189−190.

[55] 郭朝辉 . 大学生社会主义核心价值观的培育和践行研究 [D]. 徐州 : 中国矿业大学 ,2015.

[56] 吴欢 . 增强大学生社会主义核心价值观培育实效性研究 [D]. 重庆 : 西南大学 ,2014.

[57] 张善禹 . 探析社会主义核心价值观背景下大学生理想信念培育路径 [J]. 山西青年 ,2019(22):99.

[58] 董丽娜 , 黄建国 , 彭娟 , 王梦 , 董慧 . 革命战争年代的红色精神融入大学生社会主义核心价值观培育探析 [J]. 世纪桥 ,2019(10):77−81.

[59] 兰岚 , 权亚雪 , 张莉苗 . 当代大学生社会主义核心价值观养成路

径探析 [J]. 中国集体经济 ,2019(30):73-74.

[60] 刘桂宇 . 大学生社会主义核心价值观培育的路径研究 [D]. 南宁 : 广西大学 ,2014.

[61] 乔亮亮 . 当代社会思潮对大学生社会主义核心价值观培育的影响 [J]. 山西青年 ,2019(20):133.